標準文学国語

学習課題集

JN102764

第一学習社

はしがき

本書は、「標準文学国語」教科書に完全準拠した学習課題集です。教科書採録の教材について、実際に書き込む作業を通して内容を理解していくことができるようにしました。予習・復習のための自学・自習用のサブノートとしてはもちろん、授業の併用教材としても十分に役立つよう、要点を押さえた編集をしました。

◆本書の構成と内容

本書は、「第Ⅰ部」「第Ⅱ部」の二部構成です。また、各教材は、次のような内容から構成されています。

◇教材を学ぶ観点を知る

①学習目標　各教材に設置し、その教材で何を学ぶのかを見通せるようにしました。

②評価の観点　「展開の把握」や「内容の理解」などコーナーごとに、評価の観点（「知識・技能」「思考力・判断力・表現力」）を置き、身につける内容を示しました。

◇基礎的な力を養い、教材を読解する

③漢字・語句　国語の学習全般で必要な、漢字・語句の読みや意味を確認できるようにしました。

④展開の把握（要点の整理）・主題　意味段落などをベースに、本文の内容や設定、主題を整理

使い方のポイント

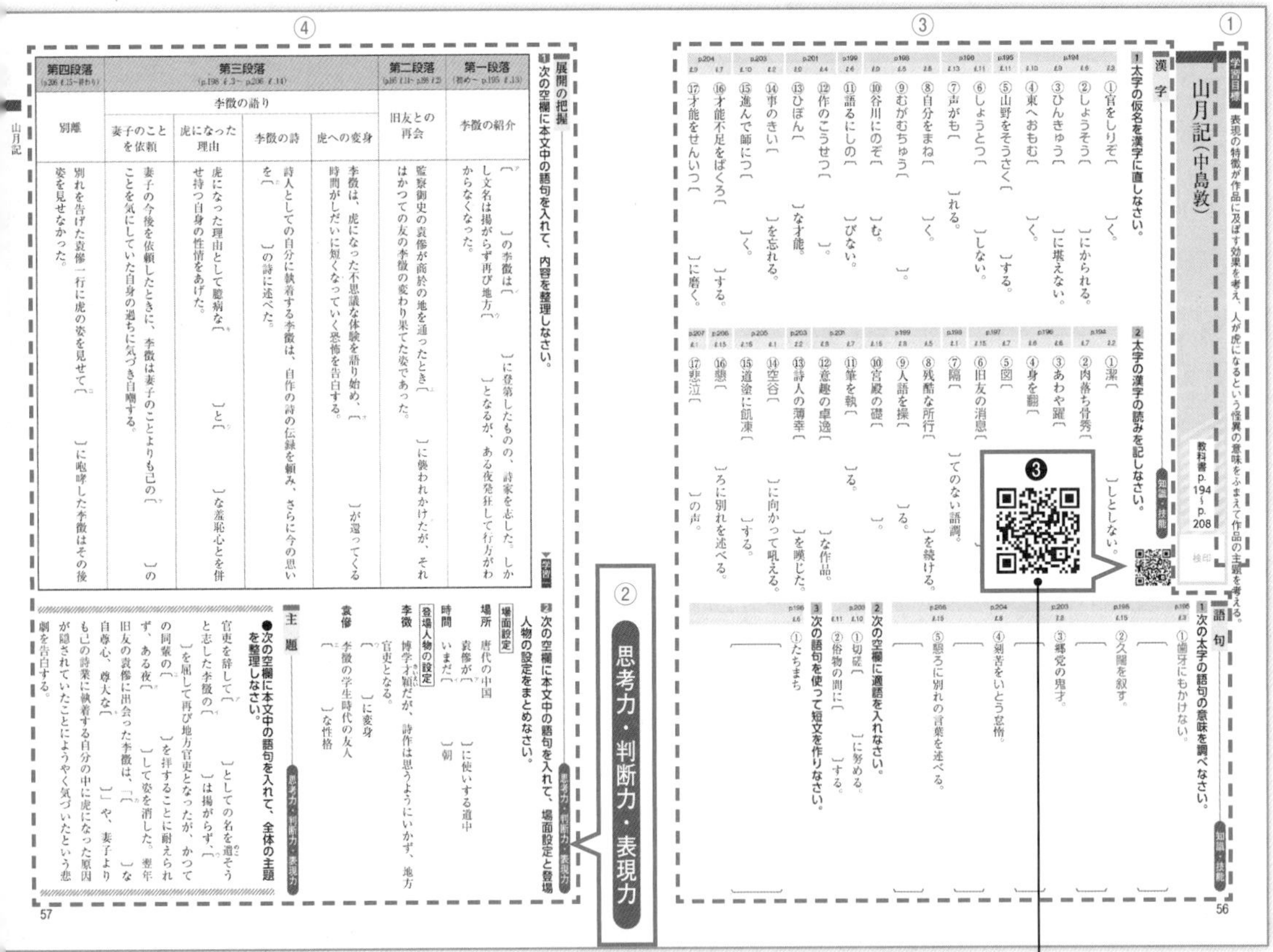

自学自習のためのウェブコンテンツを用意しました。各教材ページと目次に設けた二次元コードを読み込むことで利用できます。
各教材ページ…その教材ごとのコンテンツにジャンプします。
目次ページ…コンテンツの一覧画面にジャンプします。
※利用に際しては、一般に、通信料が発生します。

めていく空欄補充形式で、本文全体の構成や展開を把握することができます。

⑤**内容の理解**　客観問題と記述問題とをバランスよく用意し、本文読解にあたって、重要な点を押さえられるようにしました。

◇教科書の学習と関連づける

⑥**帯**　「漢字・語句」の上部に教科書の本文掲載ページ・行を示す帯、「内容の理解」の上部に意味段落を示す帯を付け、教科書と照合しやすくしました。

⑦**脚問・傍問・学習・活動**　教科書の「脚問」「傍問」「学習（活動）の手引き」と関連した問いの下部に、アイコンを付けました。

◆本書の特色

❶**新傾向問題**　「内容の理解」で、最近の入試傾向をふまえ、会話形式や条件付き記述などの問いを、適宜設定しました。

❷**活動**　教科書収録教材と、他の文章・資料とを読み比べる、特集ページを設けました。

❸**ウェブコンテンツ**　漢字の設問を、ウェブ上で繰り返し取り組めるように、二次元コードを設置しました。

⑥ 第一段落（初め～p.78 ℓ.13）

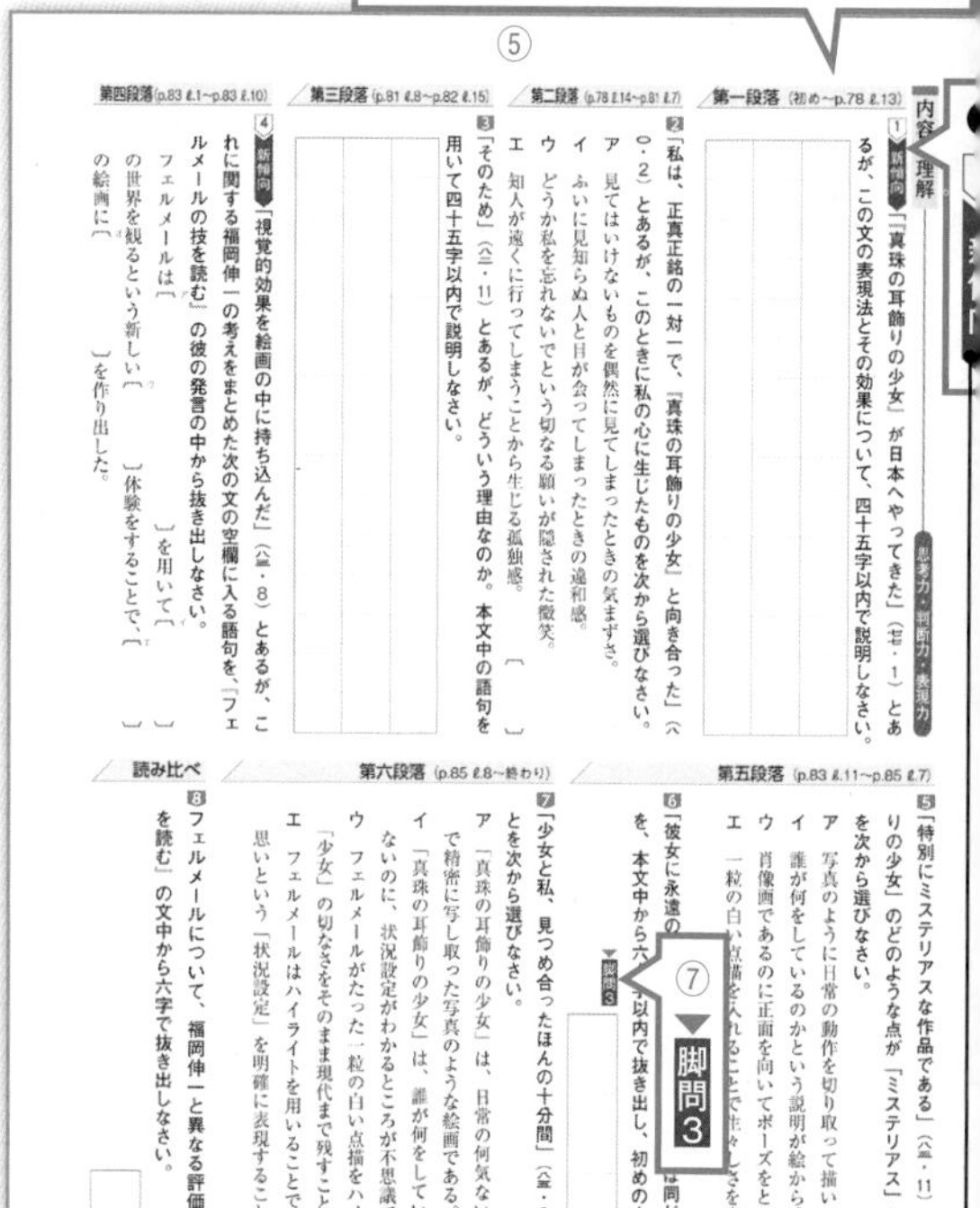

新傾向の設問はデザインを変え、わかりやすく表示しています。

❷

読み比べのための文章を掲載。異なるテキストとの比較を通じて、教材内容の理解をよりいっそう深めることができます。

目次

第Ⅰ部

第Ⅱ部

プラスウェブ

下にある二次元コードから、ウェブコンテンツの一覧画面に進むことができます。

https://dg-w.jp/b/4060001

学習目標　「るみ子さん」の気持ちが変化する過程を、彼女の身の上に起こった出来事を通して読み取る。

調律師のるみ子さん（いしいしんじ）

教科書p.10～p.16

検印

漢字

知識・技能

1 太字の仮名を漢字に直しなさい。

p.10 ℓ.1 ①仕事を**いらい**〔　　〕する。
p.10 ℓ.7 ②**げんかん**〔　　〕を出る。
p.10 ℓ.8 ③**ひょうばん**〔　　〕がいい。
p.10 ℓ.9 ④**とつぜん**〔　　〕曲をやめる。
p.11 ℓ.1 ⑤料理を**ちゅうもん**〔　　〕する。
p.11 ℓ.1 ⑥連絡が**とだ**〔　　〕える。
p.11 ℓ.4 ⑦仕事を**しょうかい**〔　　〕する。
p.11 ℓ.6 ⑧長い**ろうか**〔　　〕を歩く。
p.11 ℓ.6 ⑨じゅうたんを**し**〔　　〕く。
p.12 ℓ.1 ⑩**しんちょう**〔　　〕に行動する。
p.12 ℓ.1 ⑪**ねんい**〔　　〕りに点検する。
p.13 ℓ.3 ⑫申し出を**ことわ**〔　　〕る。
p.13 ℓ.5 ⑬**せんたく**〔　　〕物を取り込む。
p.13 ℓ.5 ⑭**ゆうびん**〔　　〕配達人。
p.13 ℓ.9 ⑮**てんぷく**〔　　〕した電車。
p.14 ℓ.2 ⑯**れいぞうこ**〔　　〕にしまう。
p.14 ℓ.13 ⑰ピアノの前に**ひざ**〔　　〕をつく。

2 太字の漢字の読みを記しなさい。

p.10 ℓ.2 ①わずかだけ**外**〔　　〕す。
p.10 ℓ.3 ②ピアノの**鍵盤**〔　　〕。
p.10 ℓ.7 ③道具かばんを**提**〔　　〕げる。
p.10 ℓ.8 ④事故に**遭**〔　　〕う。
p.10 ℓ.10 ⑤調律師の職に**就**〔　　〕く。
p.11 ℓ.1 ⑥美しい**容貌**〔　　〕の人。
p.11 ℓ.4 ⑦街はずれの**邸宅**〔　　〕。
p.11 ℓ.5 ⑧**小柄**〔　　〕な老人がいる。
p.11 ℓ.7 ⑨**年季**〔　　〕の入った楽器。
p.12 ℓ.7 ⑩**手間賃**〔　　〕を支払う。
p.13 ℓ.1 ⑪**憤然**〔　　〕として帰る。
p.13 ℓ.7 ⑫手紙が**添**〔　　〕えられる。
p.13 ℓ.11 ⑬もう**大丈夫**〔　　〕だ。
p.13 ℓ.14 ⑭料理法を**工夫**〔　　〕する。
p.14 ℓ.2 ⑮**元来**〔　　〕好きではない。
p.15 ℓ.2 ⑯**朗**〔　　〕らかな声で言う。
p.15 ℓ.8 ⑰練習曲を**奏**〔　　〕でる。

語句

知識・技能

1 次の太字の語句の意味を調べなさい。

p.10 ℓ.4 ①**晴れやか**な笑み。
〔　　〕
p.11 ℓ.7 ②**年季の入った**グランドピアノを指さします。
〔　　〕
p.13 ℓ.1 ③**憤然として**、るみ子さんは帰ります。
〔　　〕
p.13 ℓ.8 ④大きく**息をのむ**。
〔　　〕

2 次の語句を使って短文を作りなさい。

p.12 ℓ.4 ①話にならない
〔　　〕
p.12 ℓ.6 ②腕のいい
〔　　〕
p.14 ℓ.14 ③息をひそめる
〔　　〕

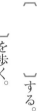

展開の把握

1 次の空欄に本文中の語句を入れて、内容を整理しなさい。

第一段落 (初め～ p.11 ℓ.3)	第二段落 (p.11 ℓ.4～ p.13 ℓ.4)	第三段落 (p.13 ℓ.5～ p.14 ℓ.10)	第四段落 (p.14 ℓ.11～終わり)
起	承	転	結
るみ子さんは、〔ア　　〕に事故で手指を失い、〔イ　　〕になった。穏やかそうな容貌と〔ウ　　〕な耳、そして「いつの間にかまた調整が必要となる」ピアノのチューニングのおかげで仕事が途絶えることはなかった。	とある週末、目の見えない老人の邸宅の〔エ　　〕の入ったグランドピアノを調律したが、老人は納得しない。再度調律し直したが、「あなたは〔オ　　〕のことがお好きではないようですね。」と言われ、〔カ　　〕として帰ってきた。	ある日の夕方、小包が届いた。中には手紙とケーキが入っていた。それは〔キ　　〕の電車事故で、るみ子さんに助けられた人からのお礼だった。その夜、寝つけないるみ子さんは、〔ク　　〕のころよく聞いたピアノソナタのレコードをかけた。久しぶりに聞く音は、どの演奏のピアノもすべて、それぞれが違う〔ケ　　〕を放っていた。朝日がのぞくころ、好きではないはずの皿のケーキが半分以上なくなっていた。	昼過ぎ、調律をするため再び老人の邸宅を訪ねた。今回は他のピアノにはない〔コ　　〕、それぞれの音が見せる〔サ　　〕を聞き逃すまいと努めた。最後のA音をはじいたとき、老人は「うちの音だ、やっとうちのピアノの音になった！」と〔シ　　〕を浮かべ、何か弾いてほしいと頼むのだった。

2 次の空欄に本文中の語句を入れて、場面設定と登場人物の設定をまとめなさい。　思考力・判断力・表現力

場面設定

〔ア　　〕の邸宅。延々と〔イ　　〕が続く。じゅうたん敷きの居間に年季の入った〔ウ　　〕。

登場人物の設定

るみ子さん　職業〔エ　　〕　〔オ　　〕歳。〔カ　　〕前にこの職に就く。
事故で〔キ　　〕を失う。
〔ク　　〕で小柄、無口。

老人　〔ケ　　〕がほとんど見えない。

主題　思考力・判断力・表現力

●次の空欄に本文中の語句を入れて、全体の主題を整理しなさい。

るみ子さんは目の見えない老人宅のピアノを調律するが、納得してもらえない。ある日の夕方、〔ア　　〕の電車事故で、彼女に助けられた人からのお礼の手紙とケーキが届く。〔イ　　〕ない彼女は、昔よく聞いたピアノソナタのレコードを朝まで聞いた。昼過ぎ、再び老人宅を訪ね、調律をし、最後のA音をはじくと、老人は「ああ、うちの音だ。」と〔ウ　　〕を浮かべた。あることをきっかけに、それまでの屈折した思いが解き放たれる様子を描く。

内容の理解

思考力・判断力・表現力

第一段落（初め〜p.11 ℓ.3）

1「依頼されたピアノの……わずかだけ外しておきます」（10・1〜2）とあるが、何のためにか。簡潔に答えなさい。

2「時計の針のようなお辞儀」（10・6）とは、どんなお辞儀か。次から選びなさい。

ア　悲しみをこらえ、深く頭を下げるお辞儀。
イ　落ち着きなく、ぺこぺこ頭を下げるお辞儀。
ウ　恥ずかしそうに、ほんの少し頭を下げるお辞儀。
エ　無表情で、折り目正しく頭を下げるお辞儀。

第二段落（p.11 ℓ.4〜p.13 ℓ.4）

3 老人宅の初回の調律の場面で、老人が元のとおりピアノの音が出るのか気にしている様子を表現した一文を本文中から抜き出し、初めの五字で答えなさい。

4「あなたは本当のところ、……お好きではないようですね。」（13・14〜15）と老人が言ったのはなぜか。具体的に答えなさい。▼脚問3

第三段落（p.13 ℓ.5〜p.14 ℓ.10）

5「十年前のお礼から、その手紙は始まっていました。」（13・9）とあるが、この手紙はるみ子さんにどのような影響を与えたのか。それがわかる一文を本文中から抜き出し、初めの五字で答えなさい。

6「スポンジのつなぎにちょっぴり工夫を凝らしてあります。」（13・13）という一文には、どのような意味があるか。次から選びなさい。▼脚問4

ア　甘いものが好きではないるみ子さんのために食べやすくしたように、るみ子さんも工夫が必要だと気づかせる意味。
イ　客のために調理師がした工夫と、自分のためにるみ子さんがピアノにした工夫とが対照的なものであることを暗示する意味。
ウ　ケーキのつなぎが大事なように、調律師も楽器とのつながりが大事だということを読者に気づかせる意味。
エ　るみ子さんとつながりができたおかげで現在の自分があることを知らせ、るみ子さんを励ます意味。

7「学生のころよく聞いたピアノソナタ。」（14・4）が、その夜のるみ子さんには特別な音として聞こえたことがわかる一文を本文中から抜き出し、初めの五字で答えなさい。

第四段落（p.14 ℓ.11〜終わり）

8「ピアノのささやき」（14・14）を具体的に述べている部分を本文中から二十五字以内で抜き出し、初めと終わりの五字で答えなさい。

〜

学習目標　「少年」との交流による「私」の心理の変化と、デュークの死を受け入れるまでの過程を読み取る。

デューク（江國香織）

教科書 p.18 ～ p.27

検印

漢字　知識・技能

1 太字の仮名を漢字に直しなさい。

① 梨が**だいこうぶつ**〔　　〕だ。（p.19 ℓ.1）
② 初夏がよく**にあ**〔　　〕う。（p.19 ℓ.2）
③ 表に出た**とたん**〔　　〕涙が出る。（p.19 ℓ.11）
④ 駅の**かいさつぐち**〔　　〕。（p.19 ℓ.12）
⑤ 電車が**こ**〔　　〕んでいる。（p.19 ℓ.13）
⑥ **つと**〔　　〕め人が多い。（p.19 ℓ.14）
⑦ 老人に席を**ゆず**〔　　〕る。（p.20 ℓ.2）
⑧ ツリーを**かざ**〔　　〕る。（p.21 ℓ.1）
⑨ **きっさてん**〔　　〕に入る。（p.21 ℓ.2）
⑩ **かぜ**〔　　〕をひく。（p.21 ℓ.6）
⑪ **じまん**〔　　〕話をする。（p.22 ℓ.3）
⑫ 二人で**どくせん**〔　　〕する。（p.22 ℓ.9）
⑬ **じゅんび**〔　　〕体操をする。（p.22 ℓ.10）
⑭ **はんきょう**〔　　〕する水音。（p.22 ℓ.11）
⑮ **かべ**〔　　〕の時計を見る。（p.23 ℓ.7）
⑯ **て**〔　　〕れたように笑う。（p.24 ℓ.7）
⑰ 青信号が**てんめつ**〔　　〕する。（p.26 ℓ.11）

2 太字の漢字の読みを記しなさい。

① 手足が**滑**〔　　〕る。（p.18 ℓ.9）
② **老衰**〔　　〕で死ぬ。（p.19 ℓ.7）
③ 膝に頭を**載**〔　　〕せる。（p.19 ℓ.8）
④ 軽く**会釈**〔　　〕をする。（p.19 ℓ.15）
⑤ **無愛想**〔　　〕に言う。（p.20 ℓ.2）
⑥ **蚊**〔　　〕の鳴くような声。（p.20 ℓ.5）
⑦ 満員電車の**雑踏**〔　　〕。（p.20 ℓ.11）
⑧ **歳末**〔　　〕大売り出し。（p.21 ℓ.1）
⑨ **垂**〔　　〕れ幕がかかる。（p.21 ℓ.2）
⑩ **財布**〔　　〕を落とす。（p.22 ℓ.6）
⑪ **酔狂**〔　　〕な人。（p.22 ℓ.8）
⑫ タオルで顔を**拭**〔　　〕く。（p.23 ℓ.1）
⑬ **閑静**〔　　〕な住宅地。（p.23 ℓ.10）
⑭ 冬の**匂**〔　　〕いがする。（p.23 ℓ.12）
⑮ インドの**細密画**〔　　〕。（p.24 ℓ.1）
⑯ **丹念**〔　　〕に見る。（p.24 ℓ.1）
⑰ **顎**〔　　〕をそっと持ち上げる。（p.26 ℓ.2）

語句　知識・技能

1 次の太字の語句の意味を調べなさい。

① 誤解されるのも、**無理のないことだった**。（p.18 ℓ.2）
〔　　〕
② **匂《にお》やかな**風に、毛をそよがせて目を細める。（p.19 ℓ.3）
〔　　〕
③ 私は少年の視線に**射すくめられる**。（p.20 ℓ.7）
〔　　〕
④ 少年は**ぶっきらぼう**に言った。（p.21 ℓ.9）
〔　　〕

2 次の語句を使って短文を作りなさい。

① ひっきりなし（p.19 ℓ.15）
〔　　〕
② 無愛想（p.20 ℓ.2）
〔　　〕
③ 丹念（p.24 ℓ.1）
〔　　〕

展開の把握

1 次の空欄に本文中の語句を入れて、内容を整理しなさい。 ▼学習二

段落	場面	内容
第一段落（初め～ p.19 ℓ.9）	駅までの道	かわいがっていた犬のデュークが老衰で死んだ。私は〔ア　　〕で涙が止まらない。デュークは〔イ　　〕生まれのせいか、〔ウ　　〕のころの散歩が好きだった。
第二段落（p.19 ℓ.10～ p.21 ℓ.5）	電車	デュークの死の翌日、私は泣きながら電車に乗った。乗客たちが私をじろじろ見つめる中で、一人の少年が、席を譲ってくれた。そして、〔エ　　〕の駅までずっとそばにいて、満員電車の〔オ　　〕から私を〔カ　　〕くれていた。気持ちが〔キ　　〕た私は、お礼に少年を喫茶店に誘った。
第三段落（p.21 ℓ.6～ p.24 ℓ.7）	プール・美術館	一日休みをとった私は、少年からプールに誘われた。何年ぶりかのプールはとても〔ク　　〕かった。プールを出て、小さな〔ケ　　〕に入った。少年は、古い〔コ　　〕の象と木ばかりの細密画を見て、「これ、好きだなぁ。」と言った。
第四段落（p.24 ℓ.8～ p.25 ℓ.7）	演芸場	そこを出て、少年が好きだと言う落語を聴きに演芸場に入ったころから、私は次第に〔サ　　〕になった。デュークも落語が好きだったことを思い出したからである。心が〔シ　　〕なり、すっかり〔ス　　〕が戻ってきた。
第五段落（p.25 ℓ.8～終わり）	大通り	街は薄青い〔セ　　〕どきを迎えた。少年は、「今までずっと、僕は楽しかったよ。」と言って私にキスをした。それは〔ソ　　〕のキスに似ていた。「愛していたよ。それだけ言いに来たんだ。」と言うと、少年は駆けていってしまった。

2 次の空欄に本文中の語句を入れて、場面設定と登場人物の設定をまとめなさい。 思考力・判断力・表現力

場面設定

時間　〔ア　　〕の死の翌日。

場所　〔イ　　〕に行く途中、〔ウ　　〕の中で少年に出会う。

登場人物の設定

私　〔エ　　〕歳。デュークの死の〔オ　　〕でいっぱい。

デューク　グレーの目・クリーム色のムク毛の牧羊犬。〔カ　　〕が原因で死亡。

少年　〔キ　　〕歳くらい・ハンサム。

主題

●次の空欄に本文中の語句を入れて、全体の主題を整理しなさい。 思考力・判断力・表現力

犬のデュークが死んだ次の日、私は〔ア　　〕の中で一人の少年に会った。少年と〔イ　　〕や〔ウ　　〕に行き、二人だけの時間を楽しんだ。その後、落語を聴きに行くと、再び〔エ　　〕が襲った。街は薄青い〔オ　　〕どきを迎えた。少年は「今まで、ずっと楽しかったよ。」と言って、私にキスをした。そのとき、少年が〔カ　　〕だったことを知った。少年との不思議な一日を通して、愛犬が死んだ悲しみを優しく包み込んで描いている。

内容の理解

思考力・判断力・表現力

第一段落（初め〜p.19 ℓ.9）

1 「デュークが死んだ。」（一八・4）、「私のデュークが死んでしまった。」（一八・5）、「デュークが死んだ。」（一九・9）という繰り返しによって、「私」のどのような思いを表現しているか。次から選びなさい。

ア　デュークの死を絶対に受け入れたくないという強い思い。

イ　デュークの死を認め、しっかり納得しようとする思い。

ウ　デュークが死んでしまったことを強く悲しむ思い。

エ　デュークの死を確認し、元気だったころを懐かしむ思い。

〔　〕

第二段落（p.19 ℓ.10〜p.21 ℓ.5）

2 「玄関で、妙に明るい声で〝行ってきます〟を言い」（一九・10）とあるが、なぜ「妙に明るい声で」言ったのか、次から選びなさい。

ア　デュークの好きな、初夏の匂やかな風が吹いてきて、心地よかったから。

イ　アルバイトで接客をするときに明るい声を出す必要があり、その練習をしておきたかったから。

ウ　たくさん泣いたことでかえってすっきりして、悲しみから解き放たれたから。

エ　家族を心配させないよう、いつもどおりの自分であることを演じようとしたから。

〔　〕

3 「少しずつ、私は気持ちが落ち着いてきた。」（二〇・12）とあるが、「私」を落ち着かせた少年の行動が書かれた一文を本文中から抜き出し、初めの五字で答えなさい。

第三段落

4 プールの場面で、「私」に非現実的なことが起こっているとわかる箇所を本文中から連続する三文で抜き出し、初めと終わりの五字で答えなさい。（句読点を含む）

▼学習三

〔　〕

第三段落（p.21 ℓ.6〜p.24 ℓ.7）

5 「私」が少年に、ひそかにひかれ始めていることがわかる一文を本文中から抜き出し、初めの五字で答えなさい。

〜

6 「これ、好きだなぁ。」（二四・2）、「古代インドはいつも初夏だったような気がする。」（二四・5）という言葉は、第一段落（初め〜一九・9）の連続する二文と呼応している。その二文を抜き出し、初めと終わりの五字で答えなさい。（句読点を含む）

〜

第四段落（p.24 ℓ.8〜p.25 ℓ.7）

7 「私」が「だんだん憂鬱になってしまった」（二四・9）理由を、解答欄に合うように本文中から十五字以内で抜き出しなさい。

▼脚問1

ことを思い出して、悲しい気持ちがよみがえってきたから。

第五段落（p.25 ℓ.8〜終わり）

8 「今までずっと、だよ。」（二六・3）と、少年が再度繰り返したのは、「私」に何を伝えたかったからか。二点説明しなさい。

全体

9 この小説の特色を説明したものとして、適当なものを選びなさい。

ア　出会いと別れ、悲しみと喜びを対照化した小説。

イ　現実と幻想、希望と失望とが複雑に絡んだ小説。

ウ　老いと死、若さと生命力を淡々と表現した小説。

エ　現実と非現実、生と死が優しく溶け合った小説。

〔　〕

生命は・そこにひとつの席が・食事

教科書p.30〜p.40

検印

学習目標 それぞれの詩にこめられた作者の心情を読み取る。

漢字・語句

知識・技能

1 太字の仮名を漢字に直しなさい。

①物語が**かんけつ**〔　　〕する。 p.30 ℓ.2
②世界を**こうせい**〔　　〕するもの。 p.31 ℓ.14
③**だれ**〔　　〕かのために働く。 p.32 ℓ.7
④**ぼく**〔　　〕の左側の席。 p.34 ℓ.2
⑤あなたの**ぞく**〔　　〕する教会。 p.35 ℓ.3
⑥つつましい**しんと**〔　　〕。 p.35 ℓ.7
⑦**とびら**〔　　〕を開けた。 p.38 ℓ.2
⑧**とつぜん**〔　　〕風が吹く。 p.39 ℓ.3

2 太字の漢字の読みを記しなさい。

①虫や風が**訪**〔　　〕れる。 p.30 ℓ.7
②公共心の**欠如**〔　　〕。 p.31 ℓ.6
③無関心でいる**間柄**〔　　〕。 p.31 ℓ.10
④**空**〔　　〕いたままの席。 p.34 ℓ.6
⑤**霧**〔　　〕の夜。 p.34 ℓ.9
⑥**無造作**〔　　〕に扱う。 p.35 ℓ.5
⑦心やさしい**娘**〔　　〕。 p.35 ℓ.6
⑧**猫**〔　　〕が食事をしている。 p.38 ℓ.1

3 次の太字の語句の意味を調べなさい。

①他者の**総和**。 p.31 ℓ.3
〔　　〕
②**掟**が彼女を**引立てて行く**。 p.35 ℓ.5
〔　　〕
③**徒らに**同じ言葉をくりかえす。 p.36 ℓ.5
〔　　〕

作者紹介

吉野　弘

一九二六年（大正一五）一月に生まれた吉野は、その年の十二月から始まる昭和とともに生きた詩人である。満州事変、日中戦争、第二次世界大戦があった彼の青春期は、まさに戦争の真っただ中だった。そんなときに、高村光太郎の『道程』を読み感動するが、自身の詩作には結びつかなかった。また、徴兵検査に合格するが、入隊予定日の五日前に敗戦を迎え、戦死の覚悟から解放された。戦後は、労働組合活動に従事するが結核で倒れ、肋骨《ろっこつ》を切除する手術で、一命を取り留めた。吉野の詩に見られる生と死の緊張は、こうした経験から生まれた。一九五二年（昭和二七）、詩誌『詩学』に『I was born』が載り、注目を浴びる。批評精神を内に秘め、日常的な語法と緊密な構成で、生活者の視点に立って、現実と人間を温かく見つめる吉野の詩は、多くの愛読者を持つ。二〇一四年（平成二六）一月、肺炎のため死去。享年八十七歳。

黒田三郎

高校時代から北園克衛《きたぞのかつえ》主催の『VOU《バウ》』に参加し、詩作を始める。一九四〇年（昭和一五）、東京大学経済学部に入学するが、ほとんど通学せず、読書に没頭。翌年、戦争激化のため繰り上げ卒業。一九四三年（昭和一八）、南洋興発株式会社の仕事でジャワに渡り、そのまま現地召集を受け、兵役に服す。一九四六年（昭和二一）、帰国し、日本放送協会に放送記者として入局。一九四七年（昭和二二）、詩誌『荒地《あれち》』が創刊

要点の整理

●次の空欄に詩中の語句を入れて、各詩の大意を整理しなさい。

思考力・判断力・表現力

生命は	そこにひとつの席が	食事
生命は自分自身だけでは〔ア　〕できないようにつくられていると感じた。〔イ　〕や風がなければ、花は実をつけることができないように、生命は、その中に〔ウ　〕した部分を持ち、それを〔エ　〕から満たしてもらうのだ。しかし、互いにそのことを知りもせず、知らされもせず、互いの生命の営みを続けている。私やあなたもあるとき誰かの〔オ　〕を満たしたのかもしれない。	僕の左側にいつも〔カ　〕でひとつの席がある。かつて、霧の夜にたった一度だけ恋人が僕のもとにやってきて、その席に坐ったことがある。しかし、その〔キ　〕は、心やさしい娘であり、つつましい信徒であり、その他〔ク　〕であらねばならなかった。僕はこの世の〔ケ　〕によって自分の手から恋人が奪い去られていくことを嘆き、悲しむ。そしてただ徒らに同じ言葉をくりかえす。「〔コ　〕」と。嘆きつつもひたすら恋人の再訪を待っているのである。	猫が〔サ　〕をしていると知らずに〔シ　〕を開けた。猫はひどく〔ス　〕でぼくを見る。その時初めて、猫は〔セ　〕より下の方から〔ソ　〕を見つめていることを知った。わたしたちが〔タ　〕をしていると〔チ　〕のどこかで〔ツ　〕が開く。わたしたちは〔テ　〕を上げて空を見る。何もない空の〔ト　〕から、〔ナ　〕がゆっくりと下りてくる。わたしたちは別の視点のことを全く忘れているのだ。

され、まもなく編集に当たる。一九四九年（昭和二四）、結核治療のため帰郷するが、病をおして上京し、詩集『ひとりの女に』にうたわれた恋人、多菊光子と結婚。一九五四年（昭和二九）、復職し、第一詩集『ひとりの女に』を刊行する。「こんなもの誰も読んじゃくれないよな」とぼやいていたものの、戦後の詩集としては空前のベストセラーとなり、翌年、この詩集で、第五回H氏賞受賞。一九五六年（昭和三一）、詩誌『歴程』に参加。一九六〇年（昭和三五）、日本現代詩人会の初代理事長となる。一九六九年（昭和四四）、日本放送協会退局。一九八〇年（昭和五五）一月没。

高階杞一

大阪府立大学農学部園芸農学科卒業。大学在学中より詩作を始める。詩の特徴は、ユーモアとペーソス、それに発想のおもしろさである。一九九〇年（平成二）にH氏賞を受賞した『キリンの洗濯』には、その詩風がよく表われている。しかし、一方では、三歳で亡くした一子雄介のことをうたった『早く家《うち》へ帰りたい』（一九九五年刊）のように、読者の涙を誘う詩もある。二〇〇三年（平成一五）には、アメリカの雑誌編集者で詩人のサム・ハミルが呼びかけた、「イラク戦争反対のための反戦詩」に応じた詩が反響を呼んだ。この詩には、地球上から無益な戦争がなくなることを切に願う思いが込められている。二〇一三年（平成二五）、『いつか別れの日のために』で三好達治賞を受賞。その他、戯曲やラジオドラマも書く。

内容の理解

思考力・判断力・表現力

【生命は】

1 「虫や風が訪れて／めしべとおしべを仲立ちする」（三〇・7〜8）と同様に擬人法が用いられている箇所を詩中から抜き出しなさい。

〔　　　　〕

2 詩中で対句となっているのは第何連と第何連か。漢数字で答えなさい。

第〔　　〕連と第〔　　〕連

3 「それを他者から満たしてもらうのだ」（三一・1）とあるが、「花」の場合、「他者」とは何か。詩中から三つ抜き出しなさい。

〔　　　　〕

4 「そのように／世界がゆるやかに構成されているのは／なぜ？」（三一・13〜三二・1）という問いに対する作者自身の答えを、次から選びなさい。　▼学習五

ア　知らないうちに他のものと何らかの関係を持つことで、その生命を維持するため。

イ　互いの存在を意識することもなく世界にばらまかれることで、自分の欠如を隠すため。

ウ　他のものからどんなにうとましく思われても、平然と生きるたくましさを与えるため。

エ　お互いが意識して助け合うことで、お互いの生命を安らかに保つため。

〔　　　　〕

5 この詩の鑑賞文として適当なものを、次から選びなさい。

ア　見過ごしがちな日常生活の実感に根づき、現代社会を鋭く批判した詩。

イ　伝統的な五七調のリズムを持ち、いつの世も変わらない限りない優しさを表現した詩。

ウ　命あるもののつながりを温かく見つめ、平易な言葉で生の意義を追求した詩。

エ　自然の営みと人間の営みとの調和を新たな観点から見つめ直し、象徴的に描いた詩。

〔　　　　〕

【そこにひとつの席が】

1 「僕の左側に／いつも空いたままで／ひとつの席がある」（三四・5〜7）には作者のどのような心情が表現されているか。次から選びなさい。

ア　恋人が再び訪れてくれることをひたすら待ち望んでいる心情。

イ　恋人が残していった席を守ろうとする心情。

ウ　神の愛をいつでも受け入れようとする心情。

エ　神の怒りを少しでもやわらげようとする心情。

〔　　　　〕

2 「あなた」とは誰をさすか。詩中から漢字二字で抜き出しなさい。

〔　　　　〕

3 「あなた」という言葉には、作者のどのような思いが感じられるか。次から選びなさい。

ア　神の愛の大きさに対する畏怖。

イ　恋人に対する愛情と敬意、節度。

ウ　恋人に対する憤りと嘆き。

エ　神のいたずらに対する嘆き。

〔　　　　〕

4 「この世の掟が何と無造作に引立てて行ったことか」（三五・5）に用いられている表現技法を漢字三字で記しなさい。

〔　　　　〕

5「どんなに多くの者であなたはなければならなかったろう」(三・9)とあるが、なぜ「あなた」は「多くの者」でなければならなかったのか。次から選びなさい。 ▼学習二

ア 「あなた」は、家族や自分の周囲にいる多くの人に見守られていたいと願っていたから。
イ 「あなた」は、家族や教会に気を遣って、いろいろな立場の人を演じなければならなかったから。
ウ 「あなた」は、家族や自分とつながりのある人々を大切にしようとしていたから。
エ 「あなた」は、自分の周囲にいる多くの人に愛されたいと願っていたから。

〔　　〕

【食事】

1 第一連はこの詩においてどのような効果を持っているか。次から選びなさい。

ア 飼っている猫との間で行われている日常的なやりとりを描くことで、作者の優しい性格を示す効果。
イ いつもかわいがっている猫を怯えさせてしまったという出来事を通して、作者の中にある冷たい一面を暗示する効果。
ウ 自分に懐いていると思っていた猫が、実は自分に対して怯えていたことに気づき、わかり合えない生物の寂しさを示す効果。
エ 日常生活の中で起こった突発的な出来事が、日常を違う視点から見つめ直すきっかけとなったことを示す効果。

〔　　〕

2 第二連、第三連の発想の起因となった詩句はどれか。第一連から抜き出しなさい。 ▼学習一

〔　　〕

3「晴れた空のどこかで／突然　扉が開く」(三九・2〜3)とは、どのようなことを象徴しているか。次から選びなさい。

ア 見慣れた日常生活でも、視点を変えると今まで見えなかったものが見えてくる道理。
イ 何事もないように見える日常の中に不意に襲ってくる不条理な出来事。
ウ 想像をめぐらしていくことでより現実味を帯びる人間の不思議な心理。
エ 不条理な出来事が起こる中で、怯えながら懸命に生きているものへの共感。

〔　　〕

4 第三連はどのような感じを与える効果を持っているか。次から選びなさい。

ア 不気味な感じ。　イ ユーモラスな感じ。
ウ いらだたしい感じ。　エ 悲痛な感じ。

〔　　〕

5 この詩の特徴として適当なものはどれか。次から選びなさい。

ア 日常起こりそうもない出来事を、論理的に突き詰め、納得できるような表現で描いている。
イ 人間が持っている常識的価値観を破壊することで、理想的な世界のありようを描いている。
ウ 日常の中でふとよぎる思いを、絶妙なたとえと、世界をずらしていく感覚で描いている。
エ 人間が生きていくうえで避けられない運命的なものを擬人化し、象徴化して描いている。

〔　　〕

学習目標 時間の経過とともに登場人物の心情と行動に生じる変化を追い、題名にこめられた意味を考える。

相棒（内海隆一郎）

教科書p.42～p.51

検印

漢字

1 太字の仮名を漢字に直しなさい。

① 新人が**ほじゅう**〔　　〕される。（p.42 上ℓ.3）
② **にゅうわ**〔　　〕な笑み。（p.42 上ℓ.5）
③ **さっそく**〔　　〕見習いをする。（p.42 下ℓ.5）
④ 車を**ゆうどう**〔　　〕する。（p.43 下ℓ.7）
⑤ メーターを**そうさ**〔　　〕する。（p.43 上ℓ.10）
⑥ **あいそ**〔　　〕が尽きる。（p.44 下ℓ.6）
⑦ 電話で**だんぱん**〔　　〕する。（p.44 下ℓ.10）
⑧ 若造に**こんがん**〔　　〕する。（p.45 下ℓ.3）
⑨ 朝早く**しゅっきん**〔　　〕する。（p.45 下ℓ.12）
⑩ **しゅうへん**〔　　〕の地図。（p.46 下ℓ.1）
⑪ ケーブルが**ゆる**〔　　〕む。（p.47 上ℓ.5）
⑫ 彼の**さしず**〔　　〕に従う。（p.48 上ℓ.1）
⑬ 社長の**かくしん**〔　　〕。（p.48 上ℓ.16）
⑭ **さいさんりつ**〔　　〕が低い。（p.48 下ℓ.14）
⑮ 三級整備士の**めんきょ**〔　　〕。（p.49 上ℓ.4）
⑯ 家を**ていとう**〔　　〕に入れる。（p.49 下ℓ.3）
⑰ 仕事を**や**〔　　〕めるほかない。（p.49 下ℓ.11）

2 太字の漢字の読みを記しなさい。 知識・技能

① 濃紺の**背広**〔　　〕。（p.42 上ℓ.7）
② 深々とお**辞儀**〔　　〕をする。（p.42 下ℓ.3）
③ **手際**〔　　〕よく済ます。（p.43 上ℓ.15）
④ **主幹**〔　　〕道路から外れる。（p.43 下ℓ.3）
⑤ **慌**〔　　〕てて水を撒《ま》き散らす。（p.44 上ℓ.10）
⑥ 一人で**我慢**〔　　〕する。（p.44 下ℓ.14）
⑦ 社長に**拝**〔　　〕み倒される。（p.45 上ℓ.7）
⑧ **仏頂面**〔　　〕の彼。（p.45 上ℓ.8）
⑨ **丁寧**〔　　〕に教える。（p.45 下ℓ.14）
⑩ 車を**発進**〔　　〕させる。（p.46 下ℓ.13）
⑪ 緊張した**面持**〔　　〕ち。（p.48 上ℓ.1）
⑫ **上得意**〔　　〕の一人。（p.48 上ℓ.4）
⑬ 権利を**譲渡**〔　　〕する。（p.48 下ℓ.13）
⑭ **内緒**〔　　〕にしてくれ。（p.48 下ℓ.17）
⑮ 率直に**謝**〔　　〕る。（p.49 上ℓ.12）
⑯ わたしの**相棒**〔　　〕。（p.49 下ℓ.14）
⑰ **競**〔　　〕い合うように出る。（p.50 下ℓ.3）

語句

1 次の太字の語句の意味を調べなさい。 知識・技能

① **足手まとい**はごめんだぜ。（p.44 上ℓ.4）〔　　〕
② 客に対する態度も**板につく**。（p.46 上ℓ.2）〔　　〕
③ **当てが外れた**腹いせ。（p.46 上ℓ.14）〔　　〕
④ **なすすべもなく**見守る。（p.46 下ℓ.16）〔　　〕

2 次の語句を使って短文を作りなさい。

① 甲斐（p.46 上ℓ.1）〔　　〕
② 半信半疑（p.48 上ℓ.11）〔　　〕
③ 自嘲ぎみ（p.49 上ℓ.13）〔　　〕

展開の把握

1 次の空欄に本文中の語句を入れて、内容を整理しなさい。

段落	内容
第一段落（初め～p.43 上ℓ.11）	社長から初めて木山さんを紹介されたとき、期待していた新人の〔ア　　〕が偉そうな〔イ　　〕だとわかって、原くんは〔ウ　　〕がっかりした。
第二段落（p.43 上ℓ.13～p.45 下ℓ.8）	〔エ　　〕の一連の作業で、木山さんは最初から失敗続きだった。しかし、社長に拝み倒され、木山さんの〔オ　　〕表情に父親の姿が重なり、原くんは、〔カ　　〕ながらうなずくよりほかなかった。
第三段落（p.45 下ℓ.10～p.47 下ℓ.10）	やがて、木山さんの丁寧な仕事ぶりに、原くんは〔キ　　〕気持ちになり、その後、車を素早く修理したうえ、修理代を辞退した姿に驚く。しかし、「好きなんだよ、こんなことをするのが。」と〔ク　　〕を木山さんは言った。
第四段落（p.47 下ℓ.12～p.49 上ℓ.8）	原くんが、状況報告と社長の確信に〔ケ　　〕を表する電話をすると、このガソリンスタンドの新しい〔コ　　〕は木山さんだと知らされる。原くんの知らないうちに経営者が変わっていたこと、それ以上に、木山さんが〔サ　　〕で笑っていたと思うと、そのほうが悔しかった。
第五段落（p.49 上ℓ.10～終わり）	原くんの皮肉っぽい言葉に対し、木山さんは〔シ　　〕で原くんを見つめた。そして、〔ス　　〕としてずっといっしょにやってもらいたいという申し出に、原くんは少しだけ考える様子をしてから〔セ　　〕だ。

2 次の空欄に本文中の語句を入れて、場面設定と登場人物の設定をまとめなさい。 思考力・判断力・表現力

場面設定

〔ア　　〕から外れた小さなガソリンスタンド。

登場人物の設定

原くん　〔イ　　〕歳。
高校を卒業して〔ウ　　〕年間勤務。

木山さん　〔エ　　〕半ばの紳士。
社長よりも〔オ　　〕がいい。
会社を〔カ　　〕してガソリンスタンドに見習いとして入る。

主題

●次の空欄に本文中の語句を入れて、全体の主題を整理しなさい。 思考力・判断力・表現力

新人が五十代半ばの〔ア　　〕だと知り、原くんは〔イ　　〕がっかりした。やがて木山さんの丁寧で心のこもった仕事ぶりに、原くんの気持ちは変化した。このスタンドの〔ウ　　〕が木山さんだと知り、原くんは〔エ　　〕に近い声を出し、腹を立てるが、木山さんは「ずっといっしょにやってもらいたいんだ、わたしの〔オ　　〕として。」と言う。原くんは少しだけ〔カ　　〕様子をしてからほほえんだ。互いに信頼できる「相棒」となった二人の心の触れ合いを描く。

内容の理解

思考力・判断力・表現力

第一段落（初め～p.43上ℓ.11）

1 「原くんはひそかにがっかりした」（四三・上1）のはなぜか。その理由を二十五字以内で答えなさい。

第二段落（p.43上ℓ.13～p.45下ℓ.8）

2 「そういうわけ」（四三・下7）とは、何をさしているか。本文中の語句を用いて答えなさい。

3 木山さんが「それらを両手に、心細そうな顔をした」（四三・下10）のはなぜか。次から選びなさい。

ア　こんな仕事をやらされるのかと、がっかりしたから。
イ　どなられることで、自分のプライドに傷がつくから。
ウ　仕事がうまくできるか不安だから。
エ　原くんの説明がわかりにくかったから。

4 木山さんが「背広姿のときより印象が弱々しく、頼りなげにしぼんで見えた」（四四・上2）のはなぜか。次から選びなさい。

ア　赤白の縞模様のユニホームに太縁眼鏡が似合わないから。
イ　五十代半ばの紳士であるため、若々しさに欠けているから。
ウ　年輩にもかかわらず、若い原くんの言葉に素直にうなずいたから。
エ　ユニホームの大きさが合っていないから。

第二段落（p.43上ℓ.13～p.45下ℓ.8）

5 「木山さんは最初から失敗続きだった」（四四・上6）について、失敗した内容を三点に要約しなさい。

6 「鬢の白髪が細かく震えている。」（四四・下2）には、木山さんのどのような気持ちが表れているか、答えなさい。　▼傍問1

7 「原くんは気の毒になった」（四五・下1）とあるが、原くんは木山さんのどういう点を「気の毒」に思っているのか。具体的に述べている箇所を本文中から一文で抜き出し、初めの五字で答えなさい。

第三段落（p.45下ℓ.10～p.47下ℓ.10）

8 「やがて三週間ほどたつと、原くんは少し見直す気持ちになった。」（四五・下10）とあるが、原くんは木山さんのどのような点を見て、見直したのか。三点にまとめて記しなさい。

第三段落（p.45下ℓ.10～p.47下ℓ.10）

9 「原くんがさらに木山さんを見直したのは、四週目に入ったころからだった。」（四六・上11）とあるが、木山さんのどのような点をさらに見直したのか。それが最もよく表れている一文を本文中から抜き出し、初めの五字で答えなさい。

10 「一カ月が過ぎたころ、さらに原くんはびっくりさせられてしまった。」（四六・下11）のはなぜか。次から選びなさい。

ア　運転席で中年の女性がこわばった顔つきになったのを見て木山さんも驚いて、一瞬立ちすくんだから。

イ　ものの五分とかからずに車を修理し、しかも修理代まで辞退したから。

ウ　なすすべもなく見守っている原くんを尻目に、木山さんが駆け寄ったから。

エ　若いころからカーマニアだった木山さんが、うれしそうに車のボンネットを開けたから。

〔　　〕

11 木山さんの働く姿勢に共通している気持ちは、どのようなものか。本文中より二十五字以内で抜き出しなさい。（句読点を含む）

第四段落（p.47下ℓ.12～p.49上ℓ.8）

12 原くんが「悲鳴に近い声を出した」（四八・下11）のはなぜか、答えなさい。　▼傍問3

〔　　〕

第五段落（p.49上ℓ.10～終わり）

13 「少しだけ考える様子をしてからほほえんだ」（五〇・上8）とあるが、このほほえみには、原くんの木山さんに対するどのような気持ちが表れているか、答えなさい。

〔　　〕

全体

14 題名の「相棒」について、次の問いに答えなさい。

(1) 語句の意味を調べなさい。

〔　　〕

(2) この作品において、「相棒」とはどういう関係か。具体的に説明しなさい。

〔　　〕

学習目標　登場人物の発言から表に現れない心情を読み取り、人間の関係性の深浅について考察する。

ナイン（井上ひさし）

教科書p.53～p.67

検印

漢字　知識・技能

1 太字の仮名を漢字に直しなさい。

① p.53 ℓ.2 たたみや〔　　〕の主人。
② p.53 ℓ.5 やちん〔　　〕は月四万五千円。
③ p.54 ℓ.3 見出しにさそ〔　　〕われる。
④ p.54 ℓ.9 えんちょう〔　　〕十二回。
⑤ p.57 ℓ.2 せんたくや〔　　〕の息子。
⑥ p.57 ℓ.5 野球チームのかんとく〔　　〕。
⑦ p.57 ℓ.6 きおく〔　　〕がある。
⑧ p.58 ℓ.13 いがい〔　　〕な出来事。
⑨ p.59 ℓ.5 こうがい〔　　〕に家を建てる。
⑩ p.60 ℓ.9 たんとう〔　　〕者が困っている。
⑪ p.61 ℓ.6 事務員としてやと〔　　〕う。
⑫ p.62 ℓ.1 正太郎くんをうった〔　　〕える。
⑬ p.62 ℓ.4 くず〔　　〕れてしまう。
⑭ p.63 ℓ.8 穴をう〔　　〕める。
⑮ p.63 ℓ.10 かんしゃ〔　　〕する。
⑯ p.63 ℓ.13 こうまん〔　　〕ちきな女。
⑰ p.64 ℓ.13 腰掛けをそな〔　　〕えつける。

2 太字の漢字の読みを記しなさい。

① p.54 ℓ.2 火鉢〔　　〕の横に座る。
② p.55 ℓ.1 野球場へ詰〔　　〕めかける。
③ p.55 ℓ.4 道幅〔　　〕四メートル。
④ p.56 ℓ.7 夏の宵〔　　〕。
⑤ p.57 ℓ.7 暑気〔　　〕あたりを起こす。
⑥ p.57 ℓ.11 御祝儀〔　　〕袋を渡す。
⑦ p.58 ℓ.3 目を伏〔　　〕せる。
⑧ p.60 ℓ.1 親を脅〔　　〕かす。
⑨ p.60 ℓ.5 口上〔　　〕を聞かされる。
⑩ p.60 ℓ.7 性根を据〔　　〕える。
⑪ p.61 ℓ.12 光景〔　　〕を思い浮かべる。
⑫ p.61 ℓ.14 死を怖〔　　〕がる。
⑬ p.63 ℓ.3 間もなく隠居〔　　〕する。
⑭ p.65 ℓ.1 金網〔　　〕で囲われる。
⑮ p.65 ℓ.10 西日を遮〔　　〕る。
⑯ p.65 ℓ.12 遠慮〔　　〕するな。
⑰ p.66 ℓ.4 野球場に覆〔　　〕いかぶさる。

語句　知識・技能

1 次の太字の語句の意味を調べなさい。

① p.57 ℓ.12 「お疲れさま。」とねぎらう。〔　　〕
② p.58 ℓ.7 その後の消息によく通じていた。〔　　〕
③ p.60 ℓ.4 それまで以上に能弁になった。〔　　〕
④ p.63 ℓ.3 相手に一目も二目も置く。〔　　〕

2 次の語句を使って短文を作りなさい。

① p.60 ℓ.12 眉に唾つける〔　　〕
② p.60 ℓ.15 ひと肌脱ぐ〔　　〕
③ p.63 ℓ.13 鼻にかける〔　　〕

展開の把握

1 次の空欄に本文中の語句を入れて、内容を整理しなさい。

段落	範囲	内容
第一段落	（初め〜p.53 ℓ.8）	「わたし」は仕事の帰りに、以前住んでいた四ツ谷駅前の新道にある中村〔ア　　〕店に寄った。
第二段落	（p.53 ℓ.9〜p.58 ℓ.3）	中村さんとの話題は、新道少年野球団が少年野球大会で〔イ　　〕したときのことになる。だが今新道は〔ウ　　〕のない小路に化けた。
第三段落	（p.58 ℓ.4〜p.59 ℓ.8）	当時の〔エ　　〕は、ほとんどが商店街を出ていった。新道の〔オ　　〕は高くなり、土地を手放す人が増えたのだ。
第四段落	（p.59 ℓ.9〜p.61 ℓ.2）	英夫は正太郎に大量の〔カ　　〕をだまし取られた。だまされながらも英夫は正太郎を決して訴えようとはしなかった。
	（p.61 ℓ.3〜p.62 ℓ.8）	同じように、常雄も正太郎にだまされ〔キ　　〕しかけた。だが、常雄も正太郎をかばい、訴えようとはしなかった。
第五段落	（p.62 ℓ.9〜p.64 ℓ.8）	仕事場から顔を出した英夫は、現在の自分があるのは〔ク　　〕のおかげで、常雄も同じ気持ちだろうと言う。
	（p.64 ℓ.9〜p.66 ℓ.1）	試合当日、暑い中みんなが頑張れたのは、正太郎たちが日陰を作ってくれたからで、このナインには〔ケ　　〕と思ったと英夫は言う。
第六段落	（p.66 ℓ.2〜終わり）	大きなビルが建設され、〔コ　　〕には西日が差さなくなった。

2 次の空欄に本文中の語句を入れて、場面設定と登場人物の設定をまとめなさい。 思考力・判断力・表現力

場面設定

場所　四ツ谷駅前の〔ア　　〕。
　中村さんの店＝〔イ　　〕屋

時代　〔ウ　　〕の新政権発足の発表＝昭和五十八年

登場人物の設定

「わたし」　かつて中村畳店の仕事場の〔エ　　〕を借りる。

中村さん　中村畳店の〔オ　　〕。

英夫くん　中村さんの〔カ　　〕。

正太郎くん　〔キ　　〕のキャプテン。

主題

●次の空欄に本文中の語句を入れて、全体の主題を整理しなさい。 思考力・判断力・表現力

かつての新道はささやかだが〔ア　　〕した、〔イ　　〕に満ちた町だった。しかし、現在は〔ウ　　〕通りになっていた。中村畳店の主人は、当時の活気を象徴する存在の新道少年野球団を懐かしがるが、この〔エ　　〕も今はばらばらである。そんな中でも当時と変わらないのは、野球大会の決勝戦での思い出と、このナインには〔オ　　〕という自信と誇りを胸に抱き、現在をたくましく生き抜くかつてのナインの姿である。

内容の理解

思考力・判断力・表現力

第二段落（p.53 ℓ.9〜p.58 ℓ.3）

1「『ここへ来て、……畳を軽く打った。」（五四・1〜2）には、中村さんのどういう思いがこめられているか、答えなさい。

〔　　　　〕

2 中村さんが「新道少年野球団」の話を、「わたし」としたかったことが態度でわかる部分を、本文中から十字以内で抜き出しなさい。

3「厚化粧」（五六・1）とは、どういう感じを表現しているか。次から選びなさい。

ア　ごてごてとして、おごり高ぶった感じ。
イ　華やかに整えて、あたたかみのある感じ。
ウ　表面だけを装って、よそよそしい感じ。
エ　美しく飾り立てて、なごみやすい感じ。

〔　　〕

4「当時の新道には生活があった。」（五六・3）ことを言い換えている一文を本文中から抜き出し、初めの五字で答えなさい。　▼脚問2

5 かつての「新道」のよき時代の姿が、端的に表現されている一文を本文中から抜き出し、初めの五字で答えなさい。

6 新道商店街の描写の中で、最近の商店街は、以前と比べてどうなったと評価しているか。本文中から十字以内で抜き出しなさい。

7「中村さんはちょっと目を伏せた。」（五八・3）のはなぜか。その理由をわかりやすく説明しなさい。　▼脚問4

〔　　　　〕

第三段落（p.58 ℓ.4〜p.59 ℓ.8）

8 ナインがばらばらになってしまった直接の原因は何か。五九ページの語句を用いて、三十字以内で答えなさい。

第四段落（p.59 ℓ.9〜p.62 ℓ.8）

9「こっちの胸のうち」（五九・13）には、どのような思いがあったのか。本文中の語句を用いて答えなさい。

〔　　　　〕

10「そのときの口上はこうだった。」（六〇・5）という表現から、正太郎のどういう様子が読み取れるか。次から選びなさい。

ア　実際に困っていることを、切実に訴える様子。
イ　事実を冷静に判断し、淡々と語っている様子。
ウ　話す言葉の裏に、真実味が感じられない様子。
エ　ことさら明るく語り、弱点を見せまいとする様子。

〔　　〕

11 正太郎が英夫や常雄に対してしたことについて、中村さんと「わたし」はどのような判断をしているか。わかりやすく答えなさい。

〔　　　　〕

第五段落（p.62 ℓ.9〜p.66 ℓ.1）

12「おまえが見て、……誰からも苦情は出ないさ。」（六二・12）から、どういうことがわかるか。次から選びなさい。

ア　中村さんが英夫の仕事に口出ししないようにしていること。
イ　英夫が中村さんの仕事ぶりを立派に受け継いでいること。
ウ　中村さんが英夫の仕事ぶりにまだ満足していないこと。
エ　英夫の仕事ぶりは他人の判断にまかせたいということ。

〔　　〕

13「おまえたちが正太郎に大甘だ」（六二・15）とは、英夫たちのどういう様子に対する判断か。三十字以内で説明しなさい。

14「結局は、僕らのためになることをして歩いている」（六三・15）とあるが、英夫について言うと、正太郎のおかげでどのようになったか。本文中の語句を用いて答えなさい。▼脚問6

〔　　〕

15「常雄も日陰に入れ。遠慮するな。これはキャプテン命令だぞ。」（六五・12）には、正太郎のどのような思いがこめられているか。次から選びなさい。

ア　自分がキャプテンであることをみんなに認めさせ、誇示しようという思い。
イ　常雄の弱さを印象づけることで、逆に自分の強さを示そうという思い。
ウ　厳しい言葉を発することで、ナインの気持ちを引き締めようという思い。
エ　命令という形をとることで、常雄を日陰に入りやすくしようという思い。

〔　　〕

第五段落

第六段落（p.66 ℓ.2〜終わり）

16「この十何年かのうちに、……ようである。」（六六・5）から、「わたし」のどのような思いが読み取れるか。次から選びなさい。

ア　社会が変化していく中で、かつてのナインが体験したような感動はもう生まれないだろうという思い。
イ　世の中の流れが速いので、新道少年野球団のような試合は二度と望めそうもないだろうという思い。
ウ　開発という荒波の中で、新道少年野球団が活躍したこの球場もなくなってしまうだろうという思い。
エ　時間がたつにつれて、昔の少年野球の仲間たちの信頼感も薄れていくだろうという思い。

〔　　〕

学習目標 日本の伝統文化を論じた文章に触れ、抽象的な内容がどのように説明されているか理解する。

花のいざない（観世寿夫）

教科書 p.70 〜 p.76

検印

漢字

知識・技能

1 太字の仮名を漢字に直しなさい。

- p.70 ℓ.3 ①**けっこんしき**（　　）のブーケ。
- p.70 ℓ.5 ②**さ**（　　）けようのない相手。
- p.70 ℓ.6 ③自然と**たたか**（　　）う。
- p.70 ℓ.6 ④自然を**せいふく**（　　）する。
- p.71 ℓ.1 ⑤春の七草を**つ**（　　）む。
- p.71 ℓ.3 ⑥酒に**よ**（　　）う。
- p.71 ℓ.3 ⑦**くる**（　　）ったように熱中する。
- p.71 ℓ.5 ⑧排気ガスで松が**か**（　　）れる。
- p.71 ℓ.6 ⑨日本の伝統としての**かよう**（　　）。
- p.71 ℓ.7 ⑩着物の**もよう**（　　）。
- p.71 ℓ.7 ⑪大根に箸を**さ**（　　）す。
- p.71 ℓ.10 ⑫**みりょく**（　　）を花にたとえる。
- p.71 ℓ.12 ⑬世阿弥が説いた**がいねん**（　　）。
- p.72 ℓ.6 ⑭**ぶたい**（　　）での美しさ。
- p.72 ℓ.11 ⑮花が**さ**（　　）く。
- p.72 ℓ.14 ⑯絶対的**ひつぜん**（　　）。
- p.74 ℓ.2 ⑰別の意味が**ふく**（　　）まれる。

2 太字の漢字の読みを記しなさい。

- p.70 ℓ.1 ①花に**託**（　　）する心。
- p.70 ℓ.2 ②**太古**（　　）の昔。
- p.71 ℓ.1 ③新年を**迎**（　　）える。
- p.71 ℓ.1 ④七草粥を**炊**（　　）く。
- p.71 ℓ.3 ⑤花見で**騒**（　　）ぐ。
- p.71 ℓ.4 ⑥**魔性**（　　）がとりつく。
- p.71 ℓ.4 ⑦無意識下に**潜**（　　）む。
- p.71 ℓ.5 ⑧月見にすすきを**供**（　　）える。
- p.71 ℓ.5 ⑨花を**慈**（　　）しむ。
- p.71 ℓ.12 ⑩先生が教えを**説**（　　）く。
- p.72 ℓ.9 ⑪美として**捉**（　　）える。
- p.73 ℓ.13 ⑫**鉢**（　　）植えの木。
- p.74 ℓ.4 ⑬**予見**（　　）できない動き。
- p.74 ℓ.14 ⑭**大写**（　　）しにして見る。
- p.74 ℓ.14 ⑮**色香**（　　）に迷う。
- p.75 ℓ.1 ⑯黙ってじっと**座**（　　）る。
- p.75 ℓ.7 ⑰イメージを**育**（　　）む。

語句

知識・技能

1 次の太字の語句の意味を調べなさい。

- p.71 ℓ.2 ①春も**たけなわ**となる。
- p.74 ℓ.4 ②生々流転のこの世に**無常観**を抱く。
- p.75 ℓ.7 ③**ひともと**の花のように。

2 次の語句を使って短文を作りなさい。

- p.70 ℓ.1 ①洋の東西を問わず
- p.72 ℓ.2 ②十人いれば十色
- p.73 ℓ.1 ③多岐にわたる
- p.73 ℓ.5 ④一期一会

展開の把握

1 次の空欄に本文中の語句を入れて、内容を整理しなさい。　思考力・判断力・表現力

第一段落（初め〜 p.71 ℓ.11）	第二段落（p.71 ℓ.12〜 p.72 ℓ.10）	第三段落（p.72 ℓ.11〜 p.74 ℓ.9）	第四段落（p.74 ℓ.10〜終わり）
《導入》	《序論》	《本論》	《結論》
人と自然との触れ合い……「花」がいちばん大きな〔ア　〕になってきた。 世阿弥の「花」論……〔イ　〕の肉体を通して現れる魅力を花にたとえる。 ↔	世阿弥の「花」論……〔ウ　〕が反応するもののこと。 観客は種々雑多、十人いれば十色。 →観客対舞台という永久の難しさ。 **【筆者の問題提起】** 世阿弥は「花」というものを、 演技者の舞台での生き方、舞台での〔エ　〕の現れとして 捉えようとしたのではないか。	〔オ　〕の花 ×　見せるために咲く。 ○　おのずからしかるべきところに、しかるべき時節に咲く。 ←〔カ　〕もそうありたい。 自然の花と人とが、ふと（偶然にかつ〔キ　〕に）出会う、 一期一会のような、舞台と観客との出会いにならないか。	**【筆者の考え】** 観客一人一人がさまざまなイメージを育み持てる、自然に咲いた、 〔ク　〕のように、舞台にいたい。 舞台はその花の物語を語っている。

主題

1 次の空欄に本文中の語句を入れて、全体の主題を整理しなさい。　思考力・判断力・表現力

世阿弥の「〔ア　〕」について考える。〔イ　〕の花は、おのずから花開く。〔ウ　〕もそうあることはできないものか。花と人それぞれの、〔エ　〕の出会いのような、舞台と〔オ　〕との出会いにならないか。自然の花が移ろうように、舞台の芸もその都度消える。そこで出会ったとき、その舞台の「花」はどれほど美しいことか。私は、観客一人一人がさまざまなイメージを育み持てる、自然に咲いている花みたいに、〔カ　〕にいたい。

2 右を参考にして、主題を百字以内にまとめなさい。

内容の理解

思考力・判断力・表現力

全体

1 **筆者が本文で考えようとしているのはどのようなことか。問題を提起している形式段落を探し、初めと終わりの五字で答えなさい。(句読点を含む)**

〔　　　　　〕〜〔　　　　　〕

第一段落(初め〜p.71 ℓ.11)

2 **「いちばん大きな窓口」**(七〇・7)**とはどういう意味か。次から選びなさい。** 脚問1

ア　人は自然と触れ合う際には、初めに必ず「花」を通して接するということ。

イ　人が自然と触れ合う際の接点として、「花」は最も代表的なものであるということ。

ウ　人は、自然と闘い、征服するうえで、「花」を突破口としてきたということ。

エ　洋の東西を問わず、太古の昔から、自然のなかで、「花」が最も人間に近い存在であったということ。〔　〕

3 **「とくに日本では、……持ち続けてきた。」**(七〇・9〜10)**とあるが、その具体例として本文中にあげられているものを五つ答えなさい。**

〔　　　　　〕

4 **「花にかこつけて自分の心を解放しようとする」**(七一・3)**とはどういうことか。次から選びなさい。**

ア　思いを花に無理に結びつけることで自由になろうとすること。

イ　ふだんできないことをやってしまい、それを花見のせいにすること。

ウ　花見を口実に、自分の心の束縛を解き、自由になろうとすること。

エ　花に託して自分の心を表現し、解放感を得ようとすること。〔　〕

第二段落(p.71 ℓ.12〜p.72 ℓ.10)

5 **「しかし」**(七一・12)**の前後で、世阿弥の「花」論についての捉え方はどのように違うか、三十五字以内で説明しなさい。**

6 **「とても、その日の……不可能なことだ。」**(七二・4〜5)**とあるが、その理由を次から選びなさい。**

ア　観客はそれぞれ見方が異なるから。

イ　観客の中には意地悪な人もいるから。

ウ　観客対舞台には永久の難しさがあるから。

エ　伝統的な美を好む観客はレベルが高いから。〔　〕

7 **「観客対舞台という、永久の難しさを背負う」**(七二・6)**とはどういうことか。次から選びなさい。** 学習二

ア　観客にとって魅力的な演技はそれぞれ違う。したがって、すべての人に「おもしろい」と思ってもらえる演技をしようとしても、それは永久に不可能なことであるということ。

イ　観客の好みはそれぞれ異なり、役者の個性もそれぞれ違う。そのような中で演じられる舞台において、すべての観客に「おもしろい」と思ってもらおうとすることは、不可能であるということ。

ウ　種々雑多な観客の好みすべてに合わせた演技は不可能なことであるが、そこで諦めずに挑戦し続けることこそが、舞台での役者の生き方であり、そこから舞台での美しさが現れるということ。

エ　それぞれ見方が異なる観客に対し、そのすべての人々に「おもしろい」と思ってもらう舞台を演出することは不可能に近いが、それでも諦めずに挑戦し続けるということ。〔　〕

第二段落（p.71 ℓ.12〜p.72 ℓ.10）

8 「世阿弥は『花』というものを、……私なりに考えてみる。」（七二・8〜10）とあるが、筆者は「舞台」の上で、どのようにありたいと思っているのか。本文中から二十字以内で抜き出して答えなさい。

9 「自然の花は、見せるために咲いているのではない。」（七二・11）とあるが、それではどのように咲いているのか。二十五字以内で答えなさい。

第三段落（p.72 ℓ.11〜p.74 ℓ.9）

10 「そういう状態」（七二・15）を表している部分を、本文中から二十五字以内で抜き出して答えなさい。

11 「ここのこと」（七三・3）について説明した次の文の空欄にあてはまる語句を、本文中から①は八字で、②は二字で抜き出して答えなさい。 ▼脚問3

観客に〔　①　〕演技をするのではなく、観客の〔　②　〕に応じた演技をすること。

①

②

12 「先刻から私もこの文中で使っている。」（七四・3）とあるが、筆者が本文中で「フト」の意味で使っている「自然」の用例を選びなさい。

ア　自然というものは避けようのない相手（七〇・5）

イ　ごく自然に発想され（七一・10）

ウ　自然の花は、見せるために（七二・11）

エ　つまり自然に（七二・12）

〔　　〕

第三段落（p.72 ℓ.11〜p.74 ℓ.9）

13 「咲く側と、見る側とが、……美しいだろうか。」（七四・8〜9）とあるが、その説明として適切でないものを選びなさい。

ア　自然に咲く花と、その花を見る人との一期一会の出会いの瞬間に立ち現れる美しさがそこにはあるということ。

イ　咲く側が見る側に喜んでもらえるように趣向を凝らす、その心が見る側に伝わったときにとても美しく感じられるということ。

ウ　自然の花の移ろいと、人の世の無常、その両者の接点において生じる美しさが舞台に現れ出るということ。

エ　この世の無常において、花と人が、偶然に、しかし、必然性をもって出会うときの美しさが感じられるということ。

〔　　〕

14 「まちまち」（七四・15）とほぼ同意の語句を、本文中から十字で抜き出して答えなさい。

第四段落（p.74 ℓ.10〜終わり）

15 「舞台はその花の物語を語っている」（七五・8）とはどういうことか。次から選びなさい。 ▼学習四

ア　舞台において、生きた一本の「花」が、偶然性と必然性をもって人と出会うまでのストーリーが語られているということ。

イ　舞台が、その「花」についての由来を事細かに表現しているということ。

ウ　舞台は、世阿弥の思想や来歴について詳しく表現しているということ。

エ　舞台において、観客一人一人がさまざまなイメージを育み持てるような役者の演技が行われているということ。

〔　　〕

学習目標　フェルメールの絵画を紹介する文章を読んで、読み手の関心を引きつけるための工夫について考える。

真珠の耳飾りの少女（原田マハ）

教科書p.77〜p.86

検印

漢字　知識・技能

1 太字の仮名を漢字に直しなさい。

p.77 ℓ.4 ①絵画の**てんらんかい**〔　　〕。
ℓ.9 ②**しんぼう**〔　　〕強く待つ。
ℓ.10 ③新聞に**きこう**〔　　〕する。
p.78 ℓ.4 ④作品を**かんしょう**〔　　〕する。
ℓ.6 ⑤美術館を**ほうもん**〔　　〕する。
ℓ.9 ⑥**ぜひ**〔　　〕行ってみたい。
ℓ.15 ⑦新聞社が**しゅさい**〔　　〕する。
p.80 ℓ.1 ⑧控え室に**たいきゃく**〔　　〕する。
ℓ.7 ⑨目が合った**しゅんかん**〔　　〕。
ℓ.9 ⑩**ぐうぜん**〔　　〕居合わせた。
ℓ.11 ⑪**びみょう**〔　　〕な表情。
p.81 ℓ.9 ⑫**ゆうふく**〔　　〕ではなかった。
ℓ.10 ⑬親方に**しじ**〔　　〕した。
p.82 ℓ.4 ⑭**しょうぞう**〔　　〕画を描く。
ℓ.14 ⑮**とくちょう**〔　　〕的な青。
p.83 ℓ.13 ⑯**いつだつ**〔　　〕した作品。
p.84 ℓ.8 ⑰感情を**とうけつ**〔　　〕させる。

2 太字の漢字の読みを記しなさい。

p.77 ℓ.5 ①大変な**盛況**〔　　〕ぶり。
p.78 ℓ.3 ②**筆舌**〔　　〕に尽くしがたい。
ℓ.10 ③チャンスが**訪**〔　　〕れない。
ℓ.13 ④心を**躍**〔　　〕らせる。
p.80 ℓ.4 ⑤かすかに**響**〔　　〕く。
ℓ.5 ⑥**漆黒**〔　　〕の暗闇。
p.81 ℓ.2 ⑦**潤**〔　　〕んだ瞳。
ℓ.2 ⑧**哀願**〔　　〕する気配。
ℓ.11 ⑨画家を**志**〔　　〕した経緯。
p.82 ℓ.8 ⑩**寡作**〔　　〕な画家。
p.83 ℓ.2 ⑪ささやかな**所作**〔　　〕。
p.84 ℓ.7 ⑫感情の**揺**〔　　〕らぎ。
ℓ.8 ⑬**巧**〔　　〕みに切り取る。
ℓ.11 ⑭白い**点描**〔　　〕を入れる。
p.85 ℓ.2 ⑮永遠の命を**授**〔　　〕けた。
ℓ.5 ⑯画家への**恋慕**〔　　〕。
ℓ.9 ⑰**画布**〔　　〕に閉じ込める。

語句　知識・技能

1 次の太字の語句の意味を調べなさい。

p.77 ℓ.6 ①**黒山の人だかり**になっていた。
〔　　〕
p.78 ℓ.3 ②**筆舌に尽くしがたい**体験。
〔　　〕
p.82 ℓ.7 ③**あくせく**売り絵を描く。
〔　　〕

2 次の空欄にあとから適語を選んで入れなさい。

p.80 ℓ.7 ①背筋に冷たいものが〔　　〕。
p.81 ℓ.8 ②デルフトに生を〔　　〕。
p.82 ℓ.1 ③隆盛を〔　　〕。
ℓ.4 ④多岐に〔　　〕。
p.85 ℓ.6 ⑤想像を巡らせるほどに謎が〔　　〕。
（極める　深まる　走る　わたる　享《う》ける）

3 次の語句を使って短文を作りなさい。

p.78 ℓ.7 ①モティーフ
〔　　〕
p.83 ℓ.11 ②ミステリアスな
〔　　〕

展開の把握

1 次の空欄に本文中の語句を入れて、内容を整理しなさい。　思考力・判断力・表現力　▼学習一

第一段落（初め～p.78 ℓ.13）	第二段落（p.78 ℓ.14～p.81 ℓ.7）	第三段落（p.81 ℓ.8～p.82 ℓ.15）	第四段落（p.83 ℓ.1～p.83 ℓ.10）	第五段落（p.83 ℓ.11～p.85 ℓ.7）	第六段落（p.85 ℓ.8～終わり）
「真珠の耳飾りの少女」について（一対一の対面）	「真珠の耳飾りの少女」について（少女の表情）	フェルメールについて（プロフィール）	フェルメールについて（作品）	「真珠の耳飾りの少女」について（特殊性）	私とフェルメール
「真珠の耳飾りの少女」は〔ア　〕の作品の中で最も〔イ　〕で気になっていた作品だったが、これまで見るチャンスがなかった。二〇一二年、私は展覧会の無人の会場で〔ウ　〕で対面することができた。	「少女」の絵と向き合ったとき、美術館の壁に開いた〔エ　〕の中に一人の少女が人の気配を感じて振り向いたときに、私は偶然その場にいて、〔オ　〕を見てしまったような気がした。少女の顔には驚きのような〔カ　〕のような複雑な表情が広がっていた。	オランダの〔キ　〕に生まれたフェルメールは、売り絵を描かなくてもいい経済状況にあったため、〔ク　〕な画家であった。また「フェルメール・ブルー」といわれる、高額な〔ケ　〕をふんだんに使うなど、作品には高級な画材が使われた。	フェルメールの作品の多くは〔コ　〕で、カメラのシャッターを押したかのような、瞬間的に切り取った、〔サ　〕のような絵画である。	特別にミステリアスな作品「真珠の耳飾りの少女」には「〔シ　〕」が一切なく、少女の〔ス　〕には誰かに何かを訴えかけるような切なさがあり、「一瞬」の〔セ　〕のみずみずしさが感じられる。それは、少女の瞳や唇や耳飾りの白い〔ソ　〕の効果である。一粒の白は永遠の生命を授けたのである。	美術館で一対一で見つめ合った〔タ　〕、私は少女の唇に一粒の〔チ　〕を灯した画家、フェルメールになっていた。

主題

1 次の空欄に本文中の語句を入れて、全体の主題を整理しなさい。　思考力・判断力・表現力

「真珠の耳飾りの少女」は「〔ア　〕」が一切なく、一般的な〔イ　〕のように正面を向いてポーズをとっていない。ほんの一瞬の感情の〔ウ　〕を巧みに切り取り、凍結させて絵の中に封じ込めたように見える。本作に「一瞬」の〔エ　〕のみずみずしさを感じさせるのは、少女の瞳や唇、耳飾りに入れた〔オ　〕であり、彼女に永遠の命を授けた。いつしか少女の気持ちに寄り添うと同時にフェルメールとなって少女を描いている気分になった。

2 右を参考にして、主題を百字以内にまとめなさい。

内容の理解

思考力・判断力・表現力

第一段落（初め〜p.78 ℓ.13）

1 新傾向 **『真珠の耳飾りの少女』が日本へやってきた」（七七・1）とあるが、この文の表現法とその効果について、四十五字以内で説明しなさい。**

第二段落（p.78 ℓ.14〜p.81 ℓ.7）

2「私は、正真正銘の一対一で、『真珠の耳飾りの少女』と向き合った」（八〇・2）とあるが、このときに私の心に生じたものを次から選びなさい。

ア　見てはいけないものを偶然に見てしまったときの気まずさ。

イ　ふいに見知らぬ人と目が会ってしまったときの違和感。

ウ　どうか私を忘れないでという切なる願いが隠された微笑。

エ　知人が遠くに行ってしまうことから生じる孤独感。

〔　　〕

第三段落（p.81 ℓ.8〜p.82 ℓ.15）

3「そのため」（八二・11）とあるが、どういう理由なのか。本文中の語句を用いて四十五字以内で説明しなさい。

第四段落（p.83 ℓ.1〜p.83 ℓ.10）

4 新傾向 **「視覚的効果を絵画の中に持ち込んだ」（八三・8）とあるが、これに関する福岡伸一の考えをまとめた次の文の空欄に入る語句を、『フェルメールの技を読む』の彼の発言の中から抜き出しなさい。**

フェルメールは〔ア　　〕を用いて〔イ　　〕の世界を観るという新しい〔ウ　　〕体験をすることで、〔エ　　〕の絵画に〔オ　　〕を作り出した。

第五段落（p.83 ℓ.11〜p.85 ℓ.7）

5「特別にミステリアスな作品である」（八三・11）とあるが、「真珠の耳飾りの少女」のどのような点が「ミステリアス」なのか。適当でないものを次から選びなさい。

ア　写真のように日常の動作を切り取って描いている点。

イ　誰が何をしているのかという説明が絵から感じられない点。

ウ　肖像画であるのに正面を向いてポーズをとっていない点。

エ　一粒の白い点描を入れることで生々しさを表現している点。

〔　　〕

6「彼女に永遠の命を授けた」（八五・1）とほぼ同じ内容を述べている箇所を、本文中から六十字以内で抜き出し、初めの十字を答えなさい。 ▼脚問3

第六段落（p.85 ℓ.8〜終わり）

7「少女と私、見つめ合ったほんの十分間」（八五・8）に、筆者が思ったことを次から選びなさい。

ア　「真珠の耳飾りの少女」は、日常の何気ない瞬間を捉えて、細部まで精密に写し取った写真のような絵画である。

イ　「真珠の耳飾りの少女」は、誰が何をしているところという説明がないのに、状況設定がわかるところが不思議である。

ウ　フェルメールがたった一粒の白い点描をハイライトで入れたことで、「少女」の切なさをそのまま現代まで残すことができた。

エ　フェルメールはハイライトを用いることで、「少女」の切ない恋の思いという「状況設定」を明確に表現することに成功した。

〔　　〕

読み比べ

8 フェルメールについて、福岡伸一と異なる評価を、『フェルメールの技を読む』の文中から六字で抜き出しなさい。

学習目標　鼻が変化した内供と、彼を取り巻く人々の心理の複雑さを、構成を把握しながら読み解く。

鼻（芥川龍之介）

教科書 p.92～p.106

検印

漢字

1 太字の仮名を漢字に直しなさい。

① 工夫を**こ**〔　　〕らす。（p.94 ℓ.9）
② 湯を**わ**〔　　〕かす。（p.95 ℓ.3）
③ 大は小を**か**〔　　〕ねる。（p.96 ℓ.8）
④ **さくりゃく**〔　　〕を練る。（p.96 ℓ.15）
⑤ **よき**〔　　〕したとおりの成果。（p.97 ℓ.4）
⑥ 鼻を人に**ふ**〔　　〕ませる。（p.97 ℓ.5）
⑦ 熱湯で**む**〔　　〕す。（p.97 ℓ.15）
⑧ 弟子に**まか**〔　　〕せる。（p.99 ℓ.3）
⑨ ひととおり**す**〔　　〕む。（p.99 ℓ.9）
⑩ **くちびる**〔　　〕をかむ。（p.100 ℓ.4）
⑪ **ぎょうぎ**〔　　〕よく座る。（p.100 ℓ.10）
⑫ **むじゅん**〔　　〕した感情。（p.102 ℓ.7）
⑬ 少し**こちょう**〔　　〕して言う。（p.102 ℓ.10）
⑭ **きげん**〔　　〕が悪い。（p.103 ℓ.3）
⑮ **荒りょうじ**〔　　〕を受ける。（p.103 ℓ.4）
⑯ 庭に**しも**〔　　〕が降りる。（p.104 ℓ.7）
⑰ **うす**〔　　〕い紙。（p.104 ℓ.8）

2 太字の漢字の読みを記しなさい。

知識・技能

① **紺**〔　　〕の水干。（p.95 ℓ.6）
② 柑子《こうじ》色の**帽子**〔　　〕。（p.95 ℓ.6）
③ 説得を**試**〔　　〕みる。（p.97 ℓ.3）
④ 入会を**勧**〔　　〕める。（p.97 ℓ.3）
⑤ 熱心な**勧告**〔　　〕。（p.97 ℓ.4）
⑥ 頰を**膨**〔　　〕らませる。（p.99 ℓ.3）
⑦ **脂**〔　　〕を取る。（p.99 ℓ.7）
⑧ 傷の**跡**〔　　〕が残る。（p.100 ℓ.5）
⑨ **暇**〔　　〕になる。（p.100 ℓ.9）
⑩ 箱にうまく**納**〔　　〕まる。（p.100 ℓ.10）
⑪ **依然**〔　　〕として短い。（p.100 ℓ.12）
⑫ **慎**〔　　〕んで聞く。（p.101 ℓ.6）
⑬ 不幸に**陥**〔　　〕れる。（p.102 ℓ.11）
⑭ **傍観**〔　　〕者。（p.103 ℓ.1）
⑮ かえって**恨**〔　　〕めしい。（p.103 ℓ.12）
⑯ **恭**〔　　〕しい手つき。（p.104 ℓ.4）
⑰ **縁**〔　　〕に立つ。（p.104 ℓ.9）

語句

1 次の太字の語句の意味を調べなさい。

知識・技能

① **不承不承**に経机へ帰る。（p.94 ℓ.14）
〔　　　　〕
② 遺憾ながら問いに答えを与える明に**欠ける**。（p.102 ℓ.5）
〔　　　　〕
③ 弟子が**陰口**をきく。（p.103 ℓ.5）
〔　　　　〕
④ **したたか**顔を打った。（p.103 ℓ.10）
〔　　　　〕
⑤ **なまじい**に鼻の短くなったのが恨めしい。（p.103 ℓ.12）
〔　　　　〕
⑥ 寝つこうとしても**寝つかれない**。（p.103 ℓ.15）
〔　　　　〕

2 次の空欄に後の語群から適語を選んで入れなさい。

① 説明が〔　　　　〕（p.101 ℓ.10）
② ふさぎ〔　　　　〕（p.102 ℓ.4）
③ 追い〔　　　　〕（p.103 ℓ.8）

（　回す　込む　つく　）

展開の把握

1 次の空欄に本文中の語句を入れて、内容を整理しなさい。

段落	内容
第一段落（初め〜 p.92 ℓ.9）	禅智内供の鼻といえば、池の尾で知らない者はない。長さは五、六寸あって、顎の下まで下がっている。内供は、内心では〔ア　　〕この鼻を苦に病んできた。
第二段落（p.92 ℓ.10〜 p.94 ℓ.6）	内供が鼻を持てあましたのは、実際に〔イ　　〕だったからだけではなく、この鼻によって〔ウ　　〕自尊心のために苦しんだからである。
第三段落（p.94 ℓ.7〜 p.96 ℓ.7）	内供は自尊心の毀損を〔エ　　〕しようと数々の方法を試みるが、鼻は〔オ　　〕として長いままであった。
第四段落（p.96 ℓ.8〜 p.100 ℓ.14）	ある年の秋、弟子の僧が教わってきた鼻の治療を試みると、鼻はみごとに〔カ　　〕なった。こうなれば、もう誰も笑う者はないのにちがいないと内供は〔キ　　〕し、のびのびした気分になった。
第五段落（p.100 ℓ.15〜 p.103 ℓ.12）	内供は〔ク　　〕な事実を発見する。以前よりいっそう鼻を見て笑われるようになったのである。内供はなまじいに鼻の短くなったのが、かえって〔ケ　　〕なった。
第六段落（p.103 ℓ.13〜終わり）	ある朝、深く息を吸い込んだとき、忘れようとしていたある感覚が内供に帰ってくる。鼻は元の〔コ　　〕鼻に戻っていた。内供は、〔サ　　〕心持ちになる。こうなれば、もう誰も〔シ　　〕者はないだろうと考えた。

2 次の空欄に本文中の語句を入れて、場面設定と登場人物の設定をまとめなさい。　思考力・判断力・表現力

場面設定

場所〔ア　　〕

登場人物の設定

禅智内供　僧侶〔イ　　〕の職。

〔ウ　　〕歳を越えている。

鼻　長さ＝〔エ　　〕。

形　＝元も先も同じように〔オ　　〕。

細長い〔カ　　〕のような物。

主題

●次の空欄に本文中の語句を入れて、全体の主題を整理しなさい。　思考力・判断力・表現力

長い鼻をもつ禅智内供は、内心では始終鼻を苦に〔ア　　〕きた。鼻によって傷つけられる〔イ　　〕のために苦しんだのだ。ある年の秋、荒療治を試みると、鼻は短くなった。内供は満足するが、以前にもまして鼻を笑われるようになる。内供はなまじ鼻の〔ウ　　〕なったのが〔エ　　〕なった。しばらくして、元の長い鼻に戻ると、内供は、はればれした心持ちになった。もう誰も〔オ　　〕にちがいない。長い鼻のために翻弄される主人公の姿を描く。

内容の理解

思考力・判断力・表現力

第一段落（初め～p.92 ℓ.9）

1 新傾向 **「禅智内供の鼻といえば、池の尾で知らない者はない。」（九二・1）には、どのような表現効果があるか。次から選びなさい。**

ア　物語の時代と場所を読者にはっきりわからせる効果。

イ　読者をただちに物語の話題に引き込む効果。

ウ　内心鼻を苦に病む内供の姿を描写する効果。

エ　禅智内供が読者にもよく知られていることを示す効果。

〔　　〕

2 **九二ページ中の内供についての描写から、①年齢、②職業、③職業の中での地位をまとめなさい。**

①〔　　〕

②〔　　〕

③〔　　〕

第二段落（p.92 ℓ.10～p.94 ℓ.6）

3 **「内供の自尊心は、妻帯というような結果的な事実に左右されるためには、あまりにデリケートにできていたのである。」（九四・4）とはどういうことか。次から選びなさい。** 脚問1

ア　内供の自尊心は、あまりにデリケートにできていたために、自分から妻帯したいなどとは思わなかった。

イ　内供の自尊心は、あまりにデリケートにできていたために、これまで決して妻帯できなかった。

ウ　内供の自尊心は、あまりにデリケートにできていたために、妻帯できるか否かは全く問題ではなかった。

エ　内供の自尊心は、あまりにデリケートにできていたために、妻帯しないですむような気持ちを持とうと努力していた。

〔　　〕

第三段落（p.94 ℓ.7～p.96 ℓ.7）

4 **「今さらのようにため息をついて、不承不承にまたもとの経机へ観音経を読みに帰る」（九四・14）ときの内供の気持ちはどういうものか。次から選びなさい。**

ア　観音経を読むことに苦痛を感じ、嫌がっている。

イ　鏡を見ていた時間が長すぎたことをうしろめたく思っている。

ウ　鼻がついに短く見えなかったことを残念に思っている。

エ　僧侶として、観音経を読むという大切な仕事をおろそかにしたことを反省している。

〔　　〕

5 **「内供は、たえず人の鼻を気にしていた」（九五・1）とあるが、このことによって内供は何を得ようとしていたのか。本文中より漢字二字の熟語で抜き出しなさい。**

□□

6 **次の描写はどのような人のことを示しているか答えなさい。**

①紺の水干・白の帷子（九五・6）

②柑子色の帽子・椎鈍の法衣（九五・6）

①〔　　〕

②〔　　〕

第四段落（p.96 ℓ.8～p.100 ℓ.14）

7 **「内供は苦笑した。」（九七・14）とあるが、どのような心理か。次から選びなさい。**

ア　弟子の僧が、鼻の話だとわからないように自分の自尊心に配慮してくれたのが不思議だった。

イ　自分の自尊心を最も傷つけてきた鼻が、まるで自分とは無関係の物

第四段落（p.96 ℓ.8～p.100 ℓ.14）

のように言われた落差がおかしかった。

ウ　鼻のことで自尊心が傷ついたりすることが、弟子の僧の滑稽な表現でくだらないことのように思われた。

エ　鼻の話だと周囲の者が気づかないことで安心したのと同時に、弟子の僧に対する感謝の気持ちが生まれた。

〔　　〕

8「**弟子の僧は、時々気の毒そうな顔をして**」（九六・3）**とあるが、弟子の僧はどのような気持ちであったか。次から二つ選びなさい。**

ア　高位の僧の鼻を踏むことを、立場の逆転のように感じて、気の毒に思った。

イ　うまくいかないとわかっているのに必死になっている内供を気の毒に思った。

ウ　内供の鼻を踏む自分の足にあかぎれができていることをすまなく思い、内供を気の毒に思った。

エ　策略を用いてまで鼻を短くする方法を試そうとする内供を気の毒に思った。

〔　　〕〔　　〕

9「**弟子の僧の出してくれる鏡を、きまりが悪そうにおずおずのぞいてみた**」（一〇〇・2）**とき、内供はどのような気持ちであったか。次から選びなさい。**

ア　弟子の僧の手前、喜びを抑えて威厳を保とうとしている。

イ　本当に鼻が短くなったか、期待と不安が入り混じっている。

ウ　やはり鼻を短くしなければよかったと後悔している。

エ　鼻などにこだわっていた自分を反省している。

〔　　〕

第五段落（p.100 ℓ.15～p.103 ℓ.12）

10 **鼻が短くなった内供に対する、①侍、②中童子、③下法師たちの反応を表す擬態語・擬音語を、本文中よりそれぞれ抜き出しなさい。**

①〔　　〕

②〔　　〕

③〔　　〕

11「**遺憾ながらこの問いに答えを与える明が欠けていた**」（一〇三・5）**とあるが、「答え」を端的に示す言葉を、本文中から八字で抜き出しなさい。**

12 **鼻が再び長くなったときの内供の気持ちを、本文中から九字で抜き出しなさい。**

第六段落（p.103 ℓ.13～終わり）

13 **内供が自尊心の傷つくことを恐れている点は、元の長い鼻に戻った結末部でも変わってはいない。そのことがよくわかる一文を本文中から抜き出しなさい。**

〔　　〕

学習目標　物語の展開と出来事を整理しながら、「私」と「K」それぞれの心情をつかむ。

こころ（夏目漱石）

教科書p.108〜p.135

検印

漢字　知識・技能

1 太字の仮名を漢字に直しなさい。

① p.111 上l.10 **よゆう**〔　　〕がない。
② p.111 下l.7 **ようい**〔　　〕に動かせない。
③ p.112 下l.8 **しあん**〔　　〕しても変だ。
④ p.113 下l.1 Kの部屋を**かいひ**〔　　〕する。
⑤ p.117 上l.9 **ざんこく**〔　　〕な答え。
⑥ p.117 下l.8 すべてを**ぎせい**〔　　〕にする。
⑦ p.118 上l.11 利害と**しょうとつ**〔　　〕する。
⑧ p.119 下l.15 **むじゅん**〔　　〕を非難される。
⑨ p.121 下l.3 **めいわく**〔　　〕そうでした。
⑩ p.121 下l.10 **おだ**〔　　〕やかな眠り。
⑪ p.122 下l.3 **じゅくすい**〔　　〕できる。
⑫ p.122 下l.5 **こうぎ**〔　　〕の始まる時間。
⑬ p.124 上l.4 起きろと**さいそく**〔　　〕する。
⑭ p.125 上l.5 **こころよ**〔　　〕からぬうそ。
⑮ p.126 上l.6 **しょうだく**〔　　〕を得る。
⑯ p.130 上l.16 **きゅうきょう**〔　　〕に陥る。
⑰ p.131 下l.6 **けいふく**〔　　〕に値する。

2 太字の漢字の読みを記しなさい。

① p.110 上l.3 **叔母**〔　　〕さんのところ。
② p.112 下l.3 言葉を**遮**〔　　〕る。
③ p.112 下l.3 こっちから**逆襲**〔　　〕する。
④ p.112 下l.10 **悔恨**〔　　〕に揺られる。
⑤ p.113 下l.2 **往来**〔　　〕の真ん中。
⑥ p.114 下l.11 ふつうの**所作**〔　　〕。
⑦ p.115 下l.4 恋愛の淵に**陥**〔　　〕る。
⑧ p.116 上l.18 **慈雨**〔　　〕のごとく注ぐ。
⑨ p.116 下l.18 **厳粛**〔　　〕な態度を示す。
⑩ p.117 下l.1 資格に**乏**〔　　〕しい。
⑪ p.124 上l.2 **仮病**〔　　〕を使う。
⑫ p.124 上l.5 **布団**〔　　〕をかぶって寝る。
⑬ p.126 上l.5 形式に**拘泥**〔　　〕する。
⑭ p.128 上l.4 **格子**〔　　〕を開ける。
⑮ p.129 上l.3 **機嫌**〔　　〕がよい奥さん。
⑯ p.130 上l.1 **面目**〔　　〕がない。
⑰ p.132 上l.5 何かの**因縁**〔　　〕。

語句　知識・技能

1 次の太字の語句の意味を調べなさい。

① p.113 下l.9 彼の姿を**咀嚼**する。〔　　〕
② p.115 上l.3 Kの胸に**一物**がある。〔　　〕
③ p.116 上l.4 **悄然**とした口調。〔　　〕
④ p.116 下l.14 理想と現実の間に**彷徨**する。〔　　〕
⑤ p.126 上l.5 形式に**拘泥**する。〔　　〕

2 次の空欄に適語を入れなさい。

① p.119 上l.4 〔　　〕のくらんだ私は、彼の善良さにつけ込んだ。
② p.131 上l.15 〔　　〕が塞がるような苦しさを覚えた。

3 次の語句を使って短文を作りなさい。

① p.121 下l.7 〜に及ばない
〔　　〕

展開の把握

1 次の空欄に本文中の語句を入れて、内容を整理しなさい。

第一段落（初め～ p.114 上 ℓ.12）	第二段落（p.114 上 ℓ.14～ p.122 下 ℓ.18）	第三段落（p.123 上 ℓ.2～ p.131 上 ℓ.15）	第四段落（p.131 下 ℓ.2～終わり）
起	承	転	結
Kの告白	「私」とKの応酬	「私」の決断	Kの自殺
Kの告白を聞いた「私」は〔ア　　〕か鉄のように固くなり、苦痛や〔イ　　〕の念が生じてきた。「私」にはKが解しがたく、動かすことのできない〔ウ　　〕のように思われた。	お嬢さんに対して進んでいいか退いていいか迷っていたKは、「私」に公平な〔エ　　〕を求めた。「私」は理想と現実の間に〔オ　　〕しているKの虚につけ込んで「精神的に〔カ　　〕のない者はばかだ。」という言葉でKの恋の行く手を塞ごうとしたが、Kの「覚悟」という言葉の意味が気になり始める。	Kの「〔キ　　〕」を恋に進むことと解釈した「私」はKの知らぬ間に、Kより先に奥さんに〔ク　　〕して「お嬢さんをください」と切り出して承知された。卑怯な「私」は良心が復活してもKに〔ケ　　〕することができなかった。	「私」は「人間としては負けた」と思いながらも、〔コ　　〕からKに謝ることができなかった。明くる日まで待とうと決心した土曜の晩にKが自殺する。「私」は、取り返しがつかないという〔サ　　〕が未来を貫いて、一瞬間に「私」の前に横たわる全生涯をものすごく照らしたのを感じた。

2 次の空欄に本文中の語句を入れて、場面設定と登場人物の設定をまとめなさい。　思考力・判断力・表現力

場面設定

「私」の部屋　Kが「私」にお嬢さんへの〔ア　　〕を告白。

上野の公園　「私」とKの応酬。

茶の間　〔イ　　〕にお嬢さんとの結婚を談判。

下宿　奥さんがKに結婚話をしたことを知る。

登場人物の設定

「私」　大学生。奥さんの家に下宿。〔ウ　　〕に恋心を抱く。

K　「私」の紹介で同じ下宿に住む。「〔エ　　〕のためにはすべてを犠牲にすべき」が信条。

主題

●次の空欄に本文中の語句を入れて、全体の主題を整理しなさい。　思考力・判断力・表現力

他者との関係の中に生きる人間の行動は、「心」ではなく、他者との関係によっている。先生＝「〔ア　　〕」（「下　先生と遺書」）はお嬢さんへの〔イ　　〕をめぐって友人Kを裏切り、彼を〔ウ　　〕で失ってしまう。「私」はそれを罪として自責するが、実際は人間関係から生じた不可避的な出来事であり、「心」の関知せぬところなのである。そのような「心」を抱えて生きなくてはならない人間存在の不思議を描いている。

内容の理解

思考力・判断力・表現力

第一段落（初め〜p.114上ℓ.12）

1「彼の魔法棒」（一一〇・下15）とは何をさすか。説明しなさい。 ▼傍問1

［　　　　］

2「彼の自白は最初から最後まで同じ調子で貫いていました。」（一一一・下6）とあるが、ここからKのどのような人物像が読み取れるか。次から選びなさい。

ア　温厚な中に、狡猾《こうかつ》な面を持った人物。
イ　義理堅く、責任感の強い人物。
ウ　信念を曲げず、強固な意志を持った人物。
エ　豪快さと繊細さを併せ持った人物。

［　　］

3「逆襲」（一一三・下3）とはどうすることか。具体的に説明しなさい。

［　　　　］

4「午前に失ったもの」（一一三・下16）とは何か。具体的に説明しなさい。

［　　　　］

5「私はこっちから進んで襖を開けることができなかったのです」（一一三・上10）とあるが、「襖」がたとえていることを、次から選びなさい。

ア　Kの「私」に対する信頼。
イ　「私」のKに対する友情。
ウ　Kと「私」との軋轢《あつれき》。
エ　Kと「私」とのつながり。

［　　］

第一段落（初め〜p.114上ℓ.12）

6「彼の姿を咀嚼しながらうろついていた」（一一三・下9）とあるが、どうしていたのか。次から選びなさい。

ア　Kの立場に立って考えようと、反省しつつ歩き回った。
イ　Kの表情を思い浮かべながら、過去を回想しつつ歩いていた。
ウ　Kのことは忘れてしまおうと、気晴らしに散歩に出かけた。
エ　Kの言動を思い返しながら、理解しようとして歩いていた。

［　　］

第二段落（p.114上ℓ.14〜p.122下ℓ.18）

7「進んでいいか退いていいか」（一一六・上10）とはどういうことか。具体的に説明しなさい。

［　　　　］

8「彼の言葉がそこで不意に行き詰まりました」（一一六・上13）とあるが、Kが「私」の問いに答えられなかった理由を次から選びなさい。

ア　「私」の批評が全く見当はずれであったから。
イ　お嬢さんへの恋が退けないほど強くなっていたから。
ウ　お嬢さんのことを相談した自分が恥ずかしくなったから。
エ　「私」の言葉に同情のかけらも感じられなかったから。

［　　］

9「私は彼自身の手から、……眺めることができたも同じでした。」（一一六・下10〜13）とはどういうことか。次から選びなさい。 ▼傍問4

ア　Kの心の中が丸見えで、自分が優位な立場にあったということ。
イ　Kの考えることが何でもわかるほど、親しかったということ。
ウ　Kの悩みが痛いほどよくわかり、同情心が高まったということ。
エ　Kの生き方を知っているので的確な助言ができたということ。

［　　］

第二段落（p.114上 ℓ.14〜p.122下 ℓ.18）

10 「理想と現実の間」（一一六・下14）とあるが、「現実」の内容として適当なものを次から選びなさい。

ア　恋のために自分の道を捨てること。
イ　道の妨げになる恋に陥っていること。
ウ　道のために恋愛が許されないこと。
エ　恋愛と道とを心の中で両立させること。

【　　】

11 「精神的に向上心のない者はばかだ。」（一一七・上4）と言った「私」の意図を、一一七〜一一八ページ中の言葉を用いて、三つ答えなさい。　▼学習一

12 「平生の主張」（一一九・下10）とはどういう内容か。説明しなさい。

13 「覚悟、――覚悟ならないこともない。」（一二〇・上4）とあるが、このとき「私」はKの「覚悟」をどういう意味で受け止めたか。わかりやすく説明しなさい。

第二段落（p.114上 ℓ.14〜p.122下 ℓ.18）

14 「双方の点」（一二一・上12）の指示する内容を、本文中の言葉を用いて説明しなさい。

15 「私は一般を心得たうえで、例外の場合をしっかり捕《つら》まえた」（一二二・上4）とあるが、「一般」「例外」とはそれぞれ何をさしているか。本文中の言葉を用いて説明しなさい。

一般

例外

第三段落（p.123上 ℓ.2〜p.131上 ℓ.15）

16 「そうした新しい光で覚悟の二字を眺め返してみた」（一二三・上13）ときに、「私」は「覚悟」の意味をどのように理解したか。本文中から二十字以内で抜き出しなさい。（句読点は含まない）

17 「最後の決断」（一二三・下6）とはどうすることか。次から選びなさい。

ア　Kに「私」のお嬢さんへの恋を告白すること。
イ　「私」がKの気持ちをお嬢さんに伝えてやること。
ウ　「私」がお嬢さんとの結婚を奥さんに申し込むこと。

エ　Kとお嬢さんの二人に「私」の本心を訴えること。　〔　　〕

第三段落（p.123上ℓ.2〜p.131上ℓ.15）

18「私の自然」（一二八・上16）とはどういうことか。次から選びなさい。　〔　　〕

ア　自分の意志に従って行動してKのことは気にかけないこと。

イ　お嬢さんへの恋心をKに正直に告白すること。

ウ　自分を気遣うKに対して素直な気持ちで礼を言うこと。

エ　自分の良心に従ってKに謝罪しようとすること。

19「鉛のような飯を食いました」（一二八・下5）とあるが、このときの「私」の心理状態として適当なものを次から選びなさい。　▼傍問7　〔　　〕

ア　Kにすべてを打ち明けて心から謝りたいのに、奥さんがいるために実行できないことにいらだっている。

イ　Kの信頼を裏切ってしまったことと、奥さんに本当のことを隠していることを後ろめたく思っている。

ウ　突然求婚してしまって、お嬢さんにきまりの悪い思いをさせていることで後悔している。

エ　奥さんの承諾は得たものの、お嬢さんが同じ食卓に顔を見せないことから不安を感じている。

第四段落

20「倫理的に弱点を持っている」（一二九・下11）とあるが、「倫理的」な「弱点」とはどういうことか。わかりやすく説明しなさい。

〔　　　　　　　　〕

21「もう取り返しが……照らしました。」（一三二・下11〜13）とあるが、このときの「私」はどういうことを直感的に感じたのか。次から選びなさい。　▼傍問10

ア　親友のいない生活がどんなに寂しいだろうということ。

イ　奥さんから、人間として軽蔑されるということ。

ウ　策略が明らかになって婚約を破棄されること。

エ　Kの死を一生背負っていくこと。　〔　　〕

第四段落（p.131下ℓ.2〜終わり）

22「ついに私を忘れることができませんでした。」（一三二・下15）とはどういうことか。次から選びなさい。　〔　　〕

ア　友人の自殺に対して倫理的な過ちを意識しながらも、自分の保身を考えていたということ。

イ　友人の死という非常事態にもかかわらず、冷静に事後の処置ができたということ。

ウ　友人を失った悲しみを乗り越えて、お嬢さんと幸せな家庭を築こうと決心したということ。

エ　救うことができなかったことは悔やまれるが、友人の遺志を受け継いで生きていこうということ。　〔　　〕

全体

23 次の空欄に本文中の語句を入れて、大意をまとめなさい。

友人のKからお嬢さんへの〔①〕を告白された「私」は、魔法棒のために〔②〕され、Kに恐怖を感じ、また永久に祟られたと思った。さらに〔③〕を求められた「私」は、理想と〔④〕の間を彷徨しているKに対して「精神的に向上心のない者はばかだ。」という言葉で恋の行く手を塞ごうとした。Kはそれに対して「〔⑤〕」という言葉を口にしたが、「私」はKより先にお嬢さんとの結婚を奥さんに申し込んだ。Kへの裏切りに心を痛める「私」であったが、Kに〔⑥〕することができないまま、Kは自殺してしまった。

①〔　　　〕　②〔　　　〕　③〔　　　〕

④〔　　　〕　⑤〔　　　〕　⑥〔　　　〕

学習目標　登場人物同士の関係や心情を把握しながら読み、「僕」の発言の背景にあるものを理解する。

バグダッドの靴磨き（米原万里）

教科書p.138～p.152

検印

漢字　知識・技能

1 太字の仮名を漢字に直しなさい。

① **くちぐせ**〔　　〕みたいに言う。（p.138 上l.5）
② 何のためかは**ないしょ**〔　　〕。（p.138 下l.9）
③ **おんしん**〔　　〕不通になった。（p.140 上l.16）
④ **へいえき**〔　　〕検査。（p.140 下l.1）
⑤ 母さんに**あやま**〔　　〕る。（p.141 上l.6）
⑥ **えんまん**〔　　〕に断る。（p.141 下l.9）
⑦ **しょうたい**〔　　〕される。（p.141 下l.10）
⑧ 父さんに**ちか**〔　　〕った。（p.143 上l.5）
⑨ バグダッド**こうがい**〔　　〕。（p.144 上l.2）
⑩ 瓦礫の中に**とっしん**〔　　〕した。（p.144 下l.5）
⑪ **かんしょく**〔　　〕を思い出す。（p.145 上l.1）
⑫ 傷口を**しょうどく**〔　　〕する。（p.146 下l.2）
⑬ 作戦を**てんかい**〔　　〕する。（p.147 下l.5）
⑭ **えんかい**〔　　〕の準備。（p.149 下l.8）
⑮ **ひさん**〔　　〕な人生。（p.150 上l.9）
⑯ 五十ドル**しへい**〔　　〕。（p.150 下l.15）
⑰ **ひみつ**〔　　〕を教える。（p.151 上l.3）

2 太字の漢字の読みを記しなさい。

① 腕のいい**靴**〔　　〕職人。（p.138 上l.5）
② 金を**稼**〔　　〕ぐ。（p.138 上l.12）
③ 足を**狙**〔　　〕い撃ちした。（p.139 上l.8）
④ **風采**〔　　〕が上がらない。（p.140 上l.11）
⑤ お客さんに**怒鳴**〔　　〕られる。（p.140 下l.11）
⑥ **自己嫌悪**〔　　〕に襲われる。（p.142 上l.11）
⑦ 妹と祖母ちゃんを**託**〔　　〕す。（p.142 下l.4）
⑧ **瓶**〔　　〕の底みたいなレンズ。（p.142 下l.5）
⑨ **夢中**〔　　〕になって聞く。（p.143 下l.9）
⑩ **一目散**〔　　〕に走った。（p.144 下l.2）
⑪ ご**機嫌**〔　　〕になった。（p.145 上l.1）
⑫ バグダッドが**陥落**〔　　〕する。（p.146 上l.13）
⑬ 家の**掃除**〔　　〕を引き受ける。（p.146 下l.8）
⑭ 母さんの**悲鳴**〔　　〕。（p.148 上l.13）
⑮ **不穏**〔　　〕な物音。（p.149 下l.12）
⑯ 涙の**蓄**〔　　〕えがない。（p.150 上l.17）
⑰ **偽札**〔　　〕を取り締まる。（p.150 下l.15）

語句　知識・技能

1 次の太字の語句の意味を調べなさい。

① 本好きが**こうじて**古本の露天商をやる。（p.140 下l.3）
〔　　　　〕
② 再開するまでの**つなぎ**だ。（p.140 下l.10）
〔　　　　〕
③ **本の虫**だった叔父さん。（p.143 下l.6）
〔　　　　〕
④ **泣く子も黙る**と言われた監獄。（p.147 下l.10）
〔　　　　〕

2 次の空欄にあとから適語を選んで入れなさい。

① 不器用で気が〔　　〕。（p.140 下l.11）
② 父さんもよく気を〔　　〕。（p.141 上l.11）
③ 決して気が〔　　〕わけではない。（p.142 上l.10）
④ 耳を〔　　〕。（p.143 下l.11）
⑤ テロに手を〔　　〕。（p.147 下l.3）

（ 焼く　利かない　揉んでいた　晴れる　傾ける ）

3 次の語句を使って短文を作りなさい。

① 関の山（p.146 下l.3）
〔　　　　〕

展開の把握

1 次の空欄に本文中の語句を入れて、内容を整理しなさい。

第一段落（初め〜p.139上ℓ.11）	第二段落（p.139上ℓ.12〜p.144上ℓ.8）	第三段落（p.144上ℓ.9〜p.146下ℓ.13）	第四段落（p.146下ℓ.14〜p.149下ℓ.1）	第五段落（p.149下ℓ.2〜p.150下ℓ.8）	第六段落（p.150下ℓ.9〜終わり）
現在	回想				現在
アメリカ兵によって足を撃たれた〔ア　〕の少年アフメドは、〔イ　〕ドルを貯めたくて、ジャーナリストを相手に身の上を話し始めた。	戦争が始まる直前に父さんは〔ウ　〕に送られ、僕（アフメド）は祖母ちゃん、母さん、妹二人と暮らしていたが、家に転がり込んできた叔父さんが母さんに夢中であることが嫌だった。	四月二日にアメリカのミサイルが落ちて、〔エ　〕と二人の妹は死んでしまった。四月九日、叔父さんに抱きついて泣き崩れた母さんを見て、僕はその場を飛び出すと、アメリカ兵に〔オ　〕を狙い撃ちされた。叔父さんは僕の世話をしてくれるが僕はいよいよ気難しくなってしまった。	六月のある日、アメリカに対する抵抗組織の〔カ　〕を持ち帰ってしまった僕は逮捕されそうになった。僕の身代わりで連行された叔父さんは、監獄で〔キ　〕によって殺されてしまった。	十一月二十八日、アル・ブアサフ家で〔ク　〕の準備をしていた母さんはアメリカ兵の大がかりな作戦に遭い、殺された。僕は心細かった母さんの気持ちを思いやれなかった自分が〔ケ　〕て涙が枯れるまで泣いた。	今、僕は〔コ　〕で暮らしている。三十ドルを貯めるのは、コルト拳銃を買って、人ではなく〔サ　〕、侵略者を殺すのだ。

思考力・判断力・表現力

2 次の空欄に本文中の語句を入れて、場面設定と登場人物の設定をまとめなさい。

場面設定

場所　〔ア　〕の首都〔イ　〕

登場人物の設定

僕　名前〔ウ　〕
年齢〔エ　〕歳
職業〔オ　〕

ムニール叔父さん　〔カ　〕の露天商
↓〔キ　〕
母さんに好意を抱く。

母さん　アル・ブアサフ家で〔ク　〕。

父さん　兵隊に取られたあと〔ケ　〕。

主題

思考力・判断力・表現力

●次の空欄に本文中の語句を入れて、全体の主題を整理しなさい。

靴磨きの少年アフメドは、三十ドルを貯めたくて身の上を話し始めた。父は〔ア　〕に送られて消息不明だった。自分はアメリカ兵に右膝を撃たれた。祖母と妹はアメリカの〔イ　〕で死んだ。叔父は自分の身代わりで連行されて殺された。母もアメリカ軍の作戦に巻き込まれて殺された。母を思いやれなかった自分が情けなくて、一生分の〔ウ　〕を流した。三十ドルで〔エ　〕を手に入れ、殺人はしないが、占領者や〔オ　〕を殺すと言った。

内容の理解

思考力・判断力・表現力

第一段落（初め〜p.139上ℓ.11）

1 「えーっ、十ドルも！……手にするの初めてだもん。」（一三八・下3〜下6）から読み取れるアフメド少年の人物像を、次から選びなさい。

ア　お世辞が上手で大人ぶっているけれども臆病な少年。
イ　話し上手でいろいろなことに興味や関心を持つ聡明な少年。
ウ　子供っぽさと年齢不相応の大人びたところをあわせ持つ少年。
エ　大金を稼ぎたいけれども金銭の価値がまだわからない少年。

〔　　〕

第二段落（p.139上ℓ.12〜p.144上ℓ.8）

2 「僕が長持ちの銅製の取っ手に手を伸ばす」（一三九・下3）のはなぜか。四十字以内で説明しなさい。

3 「神様はほんとに不公平だよ。」（一四〇・上14）とはどういうことか。その内容を述べた一文を抜き出し、初めと終わりの五字で示しなさい。

〔　　　　　〕〜〔　　　　　〕

4 「何が幸いするか、わからない」（一四〇・上15）とはどういうことか。次から選びなさい。

ア　生まれつき体が不自由だったせいで、兵役に取られなかったこと。
イ　読書が大好きだったので、古本の露天商をやることができたこと。
ウ　亡命する人がいたので、本の山を二束三文で買い上げられたこと。
エ　空襲で古本が焼けてしまったが、靴磨きの道具を譲り受けたこと。

〔　　〕

5 「父さんもよく気を揉んでいた。」（一四一・上11）のはどういうことに対してか。次から選びなさい。

ア　叔父さんが足が悪くて長く歩けないこと。
イ　叔父さんがいつまでも独身でいること。
ウ　叔父さんが母さんに気があること。
エ　叔父さんがチケットをくれること。

〔　　〕

第二段落（p.139上ℓ.12〜p.144上ℓ.8）

6 「僕の出番」（一四二・上1）とはどういうことか。これを説明した次の文章の空欄にあてはまる語句を、本文中から抜き出して答えなさい。

母さんに気がある叔父さんは、サッカーや映画の〔ア　　〕を入手して誘うが、父さんは理由をつけて〔イ　　〕に断ろうとする。ところが母さんは父さんの〔ウ　　〕をぶち壊すものだから、僕が〔エ　　〕て、そのチケットをもらって叔父さんの企みを失敗に終わらせるのだった。

7 「ムニールさんのおかげで……楽しみになった」（一四三・下12〜下13）とあるが、その理由を述べた一文を抜き出し、初めと終わりの五字で示しなさい。

〔　　　　　〕〜〔　　　　　〕

8 「僕」が「腹立たしかった」（一四五・上9）のはなぜか。次から選びなさい。

ア　祖母の頼みを聞かずに外出した自分だけが生き残ったから。
イ　幼い妹までもが戦争の巻き添えになって殺されてしまったから。
ウ　叔父が取り乱すこともなく黙々と片づけをしていたから。
エ　祖母と妹の死を母親に伝えることさえできなかったから。

〔　　〕

第三段落（p.144上ℓ.9〜p.146下ℓ.13）

9 「それはちゃんと理解できていた」（一四五・下14）とあるが、「僕」はどう理解していたのか。次から選びなさい。

ア　母さんが仕事に就くことができて僕が生きていられるのは、叔父さんのおかげだ。

イ　アメリカ軍のミサイルで殺された妹の亡骸を探してくれたのは、叔父さんだけだった。

ウ　祖母と妹を殺されて心細かった母さんには、叔父さんしか頼る人がいないのだ。

エ　僕が家を出てしまえば、母さんは叔父さんと仲よく暮らすことができるはずだ。

〔　　〕

第三段落（p.144上ℓ.9～p.146下ℓ.13）

10「家を飛び出すことが多くなった」（一四六・下13）理由を説明した次の文の空欄にあてはまる語句を、本文中から抜き出して答えなさい。

アメリカ兵に〔ア　〕を撃ち抜かれて身体が思うように動かなくなった僕の〔イ　〕を代わりにしてくれたり、こまめに〔ウ　〕をしてくれたりする叔父さんに対して、感謝よりも不愉快な感情を抱いてしまい、つらく当たるようになった自分を〔エ　〕感じていたから。

第四段落（p.146下ℓ.14～p.149下ℓ.1）

11「ハッとした」（一四六・下16）とあるが、このときの「僕」の心情として適当なものを次から選びなさい。

ア　アメリカ軍は本当は僕たちを助けてはくれないのだ。

イ　祖母や妹を殺したアメリカ軍に怒りをぶつけるべきだった。

ウ　自分の足を撃ったアメリカ兵に復讐《ふくしゅう》したい。

エ　アメリカ軍への抵抗組織に入ることは内緒にしておこう。

〔　　〕

12「あれだけひどい仕打ちをした……自分を僕は死ぬまで許せない。」（一四八・下13～下16）以降、叔父さんに対する「僕」の見方は変化している。その見方が端的にわかる表現を、これより後の本文中から十字以内で抜き出しなさい。

第五段落（p.149下ℓ.2～p.150下ℓ.8）

13「悲惨な人生最後の日々」（一五〇・上9）を説明する一文を抜き出し、初めと終わりの五字で示しなさい。

～

14「一生分の涙を使い果たしてしまった」（一五〇・上17）とあるが、「僕」はどのような気持ちで泣いたのか。次から選びなさい。

ア　叔父さんが逮捕され拷問で殺されるきっかけになったビラを自分が持ってきてしまったことを悔いる気持ち。

イ　肉親を殺されてしまったうえに最後は自身までもがアメリカ兵に殺されてしまった母親を、哀れに思う気持ち。

ウ　アメリカ軍がバグダッドを占領するまでは美しく陽気だった母親が、最後は老け込んでしまったことを残念に思う気持ち。

エ　肉親を殺されて寂しさや心細さを感じていた母親の心情を思いやることができなかった自分を、情けなく思う気持ち。

〔　　〕

15「どうしてもお金がいるんだ」（一五〇・下11）とあるが、その理由を二十字以内で答えなさい。

第六段落（p.150下ℓ.9～終わり）

16「絶対に人間は殺さないってば。」（一五一・下3）という言葉にこめられた「僕」の気持ちについて述べた次の文の空欄にあてはまる語句を、本文中から抜き出して答えなさい。 ▼学習三

僕の話に同情して〔ア　〕も追加してくれたお客さんに〔イ　〕を二丁買えると〔ウ　〕を打ち明け、罪もない人を殺すことなどは考えていないので心配はいらないとお客さんの気持ちを気遣ったが、ただ占領者と〔エ　〕は〔オ　〕として認められないという気持ち。

学習目標 それぞれの詩の構成を捉え、詩の主題を理解する。

わたしが一番きれいだったとき・死んだ男の残したものは・春―イラクの少女シャミラに

教科書p.154～p.164

検印

漢字・語句

知識・技能

1 太字の仮名を漢字に直しなさい。

p.156 ℓ.3 ①**きんえん**〔　　〕を破る。
ℓ.4 ②**あま**〔　　〕い音楽。
p.158 ℓ.2 ③ひとりの**つま**〔　　〕。
p.159 ℓ.6 ④こわれた**じゅう**〔　　〕。
p.162 ℓ.4 ⑤**かっくう**〔　　〕する風。
ℓ.7 ⑥**やわ**〔　　〕らかい葉。
p.163 ℓ.9 ⑦失意の**きおく**〔　　〕。
ℓ.11 ⑧**こくう**〔　　〕をつかむ。

2 太字の漢字の読みを記しなさい。

p.154 ℓ.2 ①街が**崩**〔　　〕れる。
ℓ.6 ②人が**沢山**〔　　〕死んだ。
p.159 ℓ.2 ③**乾**〔　　〕いた涙。
p.160 ℓ.2 ④**輝**〔　　〕く今日。
p.162 ℓ.1 ⑤ヤマモモの**並木**〔　　〕。
ℓ.10 ⑥**甘酸**〔　　〕っぱい実。
p.163 ℓ.1 ⑦**砂漠**〔　　〕にかかる月。
ℓ.5 ⑧**包帯**〔　　〕で巻かれる。

3 次の言葉の意味を調べなさい。

p.155 ℓ.7 ①かたくな
〔　　〕
ℓ.12 ②卑屈
〔　　〕
p.162 ℓ.10 ③鈴なりにする
〔　　〕

作者紹介

茨木のり子

大阪市に生まれ、愛知県西尾市で育つ。太平洋戦争の中、女学校を卒業後に上京し、帝国女子医学・薬学・理学専門学校に入学。十九歳で終戦を迎えた。戦時中の空襲の恐怖や飢餓などの苦しみは、その後の詩作に大きな影響を与えた。

戦後、ラジオドラマの脚本や童話を書き始める。一九四九年（昭和二四）、結婚を機に埼玉県所沢市に移住。詩誌『詩学』に投稿を始める。一九五三年（昭和二八）、川崎洋《ひろし》らと詩誌『櫂《かい》』を創刊し、批評性の高い作品を発表し続けた。『櫂』は、谷川俊太郎、吉野弘、大岡信《まこと》など多くの詩人の活動の場となった。一九五五年（昭和三〇）、第一詩集『対話』を刊行。代表作に『見えない配達夫』『自分の感受性くらい』などがある。

一九九九年（平成一一）、詩集『倚《よ》りかからず』を刊行。七十三歳になっても変わらない凛とした姿勢が多くの共感を呼び、十五万部を超えるベストセラーとなった。二〇〇六年二月、くも膜下出血のため死去。享年七十九歳。

谷川俊太郎

哲学者の谷川徹三《てつぞう》の長男として東京都に生まれる。太平洋戦争が激しくなり、東京も空襲を受けるようになったため、京都に疎開。戦後、東京に戻り、高校生のころから詩を書き始める。自ら詩作もしていた父が

要点の整理

●次の空欄に詩中の適語を入れて、大意を整理しなさい。

わたしが一番きれいだったとき

「わたし」が一番きれいだったとき、第二次世界大戦という大きな社会変動のさなかにあり、〔ア　〕が沢山死んだ。「わたし」たち若者は〔イ　〕もできず、〔ウ　〕も捧げてもらえず、異性とつきあうことも許されないという不本意な青春を送らざるを得なかった。敗戦後、街は民主主義の世の中となり、ラジオからは〔エ　〕が溢れた。あまりの解放感に、〔オ　〕と言えるような混乱を来した。だから、「わたし」はこれから〔カ　〕をして、〔キ　〕のように大人としての長い人生を悔いなく生きようと思っている。

死んだ男の残したものは

作者は、ベトナム戦争のさなかの一九六五年、「ベトナムの平和を願う市民の集会」のためにこの詩を作り、武満徹が作曲した。第一連から第三連は〔ク　〕が唯一残した妻と〔ケ　〕も、何も残さないまま死んでしまったという、戦争に巻き込まれて命を失った市民を悼んでいる。それに対して、第四連は死んだ〔コ　〕を取り上げて、命をかけて戦っても〔サ　〕を手に入れることができずに、〔シ　〕地球を残したままだというむなしさが漂っている。第五連と第六連では、私たちは生きているが、それは死んだ人々の犠牲があってのことであり、今日や明日という〔ス　〕時間を手にしているのも、戦争という暗黒の〔セ　〕に支えられてのことだという悲しみが込められている。

春—イラクの少女シャミラに

この詩は、第一連と第二連が、第四連と第五連と対比的に配置された構成になっている。第一連と第二連は、〔ソ　〕の木が四季を通じて形状を変えながらも、やがて〔タ　〕を咲かせ〔チ　〕を結ぶという生命感を描いている。それに対比して、第四連と第五連は少女〔ツ　〕がアメリカ軍の巡航ミサイルによって〔テ　〕から先の腕を切断され、愛する家族を〔ト　〕こともできなくなった悲劇を描いている。ヤマモモの木は切り落とされた枝から〔ナ　〕が芽吹き、陽射しに向けて柔らかな〔ニ　〕を広げることができたが、シャミラの肘からは〔ヌ　〕が生えるわけもなく、つかんでいるのは虚空にすぎないのである。

三好達治《みよしたつじ》に紹介し、雑誌に詩が掲載され、注目を集めた。一九五二年（昭和二七）、第一詩集『二十億光年の孤独』を発表。戦後詩の新人として高い評価を得た。以後、詩壇の第一人者として多くの詩を発表する一方で、詩作にとどまらない活発な創作活動を行う。『ことばあそびうた』『もこもこもこ』のような絵本や、『愛のパンセ』等のエッセイのほかに、日本初のテレビアニメシリーズ「鉄腕アトム」の作詞、スヌーピーで知られる『ピーナッツ』や『マザー・グースのうた』などの翻訳などが知られており、独自の表現世界を切り開いている。詩集に『愛について』『夜中に台所でぼくはきみに話しかけたかった』『世間知ラズ』などがある。

柴田三吉

一九五二年（昭和二七）、東京都に生まれる。季刊詩誌『Ｊｕｎｃｔｉｏｎ』を草野信子《くさののぶこ》と発行。父親の跡を継いで神社仏閣の建設業を営むかたわら詩を書く。戦争や社会問題を題材としながら、弱者に寄り添い、人と人をつなぐことを志す詩を発表し続けている。

二〇一五年（平成二七）、詩集『角度』で日本詩人クラブ賞を受賞。二〇一九年（令和元）には、『旅の文法』で小熊秀雄《おぐまひでお》賞を受賞。同作は、福島、沖縄、韓国などを旅しながら作られた詩から成る。社会に対する批判精神を、旅というレンズを通して巧みに描き出したことが評価された。詩作のほか、小説の執筆も行う。詩集に『さかさの木』『桃源』などがある。

内容の理解

思考力・判断力・表現力

【わたしが一番きれいだったとき】

1 「とんでもない……見えたりした」（一五四・3～4）は、どのような様子を表現したものか。説明しなさい。

〔　　　　〕

2 「わたし」が「おしゃれの……しまった」（一五四・8）のはなぜか。その理由を次から選びなさい。

ア　おしゃれをするような年齢ではなかったから。
イ　戦争中の禁欲生活の中で、おしゃれをする機会がなかったから。
ウ　おしゃれをしようという気がなかったから。
エ　戦争中なので、おしゃれよりも贈物がほしかったから。　〔　　〕

3 「ブラウス……歩いた」（一五五・12）における「わたし」の気持ちを解説した次の文の空欄に当てはまる語を、それぞれ漢字二字で答えなさい。

敗戦を迎えて町は〔ア　　〕な様子に見えるが、「わたし」は〔イ　　〕で奪われた〔ウ　　〕を取り戻そうと〔エ　　〕込んでいる。

4 新傾向 「ね」（一五六・12）の上部の空白の効果として適当なものを次から選びなさい。

ア　作者の強い思いの表れであり、読み手の解釈を制限しようとしている。
イ　読みに時間的な空白をもたらし、その間の語り手の仕草を想起させる。
ウ　「ルオー爺さんのように」と直前に示された考えを、さっそく翻意したことを明示的に表している。　〔　　〕

【死んだ男の残したものは】

1 「乾いた涙」（一五九・2）とは何か。次から選びなさい。

ア　悲しみの涙も乾いてしまった肉体の解放。
イ　悲しみの涙さえ残せない死の悲惨さ。
ウ　戦争に巻き込まれて負傷した脚の痛み。
エ　幼心に深く刻まれた平和への願い。　〔　　〕

2 「平和ひとつ残せなかった」（一五九・8）を説明した次の文の空欄に入る詩句を抜き出しなさい。

〔ア　　〕を名目に戦争を行ったが、後に残ったものは破壊された武器と〔イ　　〕にすぎなかったということ。

3 「生きてるわたし生きてるあなた／他には誰も残っていない」（一五九・10）という詩句は、どういうことを訴えているのか。次から選びなさい。

ア　命を落とした兵士のために、平和の実現を目ざして私たちは戦わなければならないということ。
イ　殺された親子や死んだ兵士の命と同様に、私たちの生命もはかないものだということ。
ウ　戦争で犠牲になった人々のためにも、世界の平和を求めて私たちは生きていくということ。
エ　後に残された私たちは、亡くなった兵士の名誉を守るために行動するということ。　〔　　〕

4 「死んだ歴史」（一六〇・1）とはどういうことか。二十字以内で答えなさい。

【春―イラクの少女シャミラに】

1 「太い枝も肘のあたりで切り落とされている」（一六二・2）という詩句は、どういう意図で書かれたものか。空欄に詩句を入れなさい。 ▼学習三

シャミラの〔ア　　〕がトマホークによって〔イ　　〕から〔ウ　　〕されたという第四連の内容と対比させる意図。

2 ①「春になり、その枝からも新芽が伸びてきた」（一六二・6）、②「陽射し」（一六二・7）の詩句と対になる詩句をそれぞれ抜き出しなさい。 ▼学習三

①〔　　〕

②〔　　〕

3 「砂漠にかかる月のような瞳」（一六三・1）から受け取れるイメージを選びなさい。 ▼学習二

ア　冷酷さ　　イ　冷静さ

ウ　清涼さ　　エ　冷ややかさ

〔　　〕

4 「もう愛するひとを半分しか抱けない」（一六三・2）とあるが、このように言った理由を簡潔に説明しなさい。

〔　　〕

5 「苦い実」（一六三・12）を別の詩句で言い換えなさい。

〔　　〕

旅する本（角田光代）

学習目標 本との再会を繰り返すたびに実感される「私」の変化を読み取る。

教科書 p.166～p.176

検印

漢字

1 太字の仮名を漢字に直しなさい。

① **ぜっぱん**〔　　〕の本を探す。（p.166 下ℓ.5）
② **ざっか**〔　　〕が並ぶ店。（p.167 上ℓ.13）
③ 服もケーキも**がまん**〔　　〕した。（p.167 上ℓ.14）
④ 国内**しゅうゆう**〔　　〕の旅。（p.168 上ℓ.17）
⑤ **ひま**〔　　〕をもてあます。（p.168 下ℓ.10）
⑥ **きゅうくつ**〔　　〕な姿勢。（p.170 上ℓ.12）
⑦ **じょうだん**〔　　〕交じりの会話。（p.170 下ℓ.15）
⑧ **きおく**〔　　〕がよみがえる。（p.171 上ℓ.1）
⑨ こちらから**じさん**〔　　〕する。（p.171 上ℓ.4）
⑩ **むちゅう**〔　　〕で本を読む。（p.171 下ℓ.13）
⑪ クラシックを**えんそう**〔　　〕する。（p.172 下ℓ.16）
⑫ **せいじゃく**〔　　〕が広がる。（p.173 上ℓ.8）
⑬ ガスが**じゅうまん**〔　　〕する。（p.173 下ℓ.1）
⑭ **ぐうぜん**〔　　〕の出来事。（p.173 下ℓ.10）
⑮ **しんちょう**〔　　〕に選ぶ。（p.174 下ℓ.6）
⑯ 無駄のない**かんけつ**〔　　〕な表現。（p.174 下ℓ.7）
⑰ 教室の**かたすみ**〔　　〕。（p.174 下ℓ.10）

2 太字の漢字の読みを記しなさい。

知識・技能

① **銭湯**〔　　〕に通う。（p.166 上ℓ.11）
② 母国語に**翻訳**〔　　〕する。（p.166 下ℓ.6）
③ じっと**見据**〔　　〕える。（p.166 下ℓ.10）
④ **紙幣**〔　　〕で支払う。（p.167 下ℓ.5）
⑤ **分厚**〔　　〕い本だ。（p.168 下ℓ.16）
⑥ **整頓**〔　　〕された本棚。（p.169 下ℓ.6）
⑦ 白い**背表紙**〔　　〕。（p.169 下ℓ.7）
⑧ 枝の**端**〔　　〕にとまる。（p.170 上ℓ.5）
⑨ **鮮明**〔　　〕に思い出す。（p.171 上ℓ.1）
⑩ **印象**〔　　〕に残る。（p.171 下ℓ.10）
⑪ **緊迫**〔　　〕した場面。（p.171 下ℓ.11）
⑫ 世界を**放浪**〔　　〕する。（p.172 上ℓ.12）
⑬ 卒業を**祝**〔　　〕した。（p.172 上ℓ.17）
⑭ 日々の**断片**〔　　〕を描く。（p.174 下ℓ.4）
⑮ 病気を**克服**〔　　〕した。（p.174 下ℓ.17）
⑯ **性懲**〔　　〕りもない失敗。（p.175 上ℓ.14）
⑰ すだれ越しの**影**〔　　〕。（p.175 下ℓ.10）

語句

知識・技能

1 次の太字の語句の意味を調べなさい。

① 一人きりの寂しい**晩餐**になってしまった。（p.172 下ℓ.1）
〔　　　　〕
② はかない恋の**顛末**を語る。（p.174 下ℓ.14）
〔　　　　〕

2 次の空欄にあとから適語を選んで入れなさい。

① 〔　　〕を切られるような悲痛な思いをした。（p.167 上ℓ.12）
② 一冊の本が〔　　〕に飛びこんできた。（p.170 上ℓ.1）
③ 聞くそばから〔　　〕で笑う。（p.170 下ℓ.2）
④ 何も言わず〔　　〕をすくめる。（p.172 上ℓ.2）
（ 肩　鼻　身　目 ）

3 次の語句を使って短文を作りなさい。

① ～はおろか（p.168 上ℓ.13）
〔　　　　〕
② もてあます（p.168 下ℓ.11）
〔　　　　〕
③ 投げやりな（p.174 下ℓ.5）
〔　　　　〕

展開の把握

1 次の空欄に本文中の語句を入れて、内容を整理しなさい。

第一段落（初め～ p.168 上 ℓ.14）	第二段落（p.168 上 ℓ.16～ p.171 上 ℓ.13）	第三段落（p.171 上 ℓ.15～ p.172 下 ℓ.5）	第四段落（p.172 下 ℓ.7～ p.174 下 ℓ.9）	第五段落（p.174 下 ℓ.10～終わり）
十八歳だった私は、〔ア〕の大学に進学し、ひとり暮らしをしていたが、紙袋二つほどの本を古本屋に〔イ〕ことにした。古本屋の主人はある翻訳小説を本当に売っていいのかと念押しした。売り払った私は、その後しばらく〔ウ〕だったが、特になにごともなく月日がたち、卒業するころには〔エ〕ていた。	私は、卒業旅行でネパールにひとり旅をした。ポカラで〔オ〕に入ってみると、かつて自分が手放した翻訳小説が売られていた。縁を感じた私はその本を買った。	再読してみると、その小説の〔カ〕は私の記憶とはかなり違っていた。読み終えた私は、その本をカトマンズで再度売った。	その後、仕事でアイルランドに渡った私は、〔キ〕に入った古本屋で再びカトマンズで売った翻訳小説を見つけた。買い取ってパブで読んでみると、その内容はまた〔ク〕とは違っていた。	その小説の内容が読むたびにかわっているのは、自身がかわったせいだと私は気づいた。この本は、古本屋が言ったように売っては〔ケ〕本だったのかもしれない。自分といっしょに〔コ〕をしているらしいその本を売り、今度はどこまで私を追いかけてくるか、再読した本にどんな〔サ〕を見いだすのかと考えて、私はわくわくした。

2 次の空欄に本文中の語句を入れて、場面設定と主人公の人物設定をまとめなさい。　思考力・判断力・表現力

場面設定

十八歳　〔ア〕に本を売る。
卒業旅行　〔イ〕の古本屋で本に再会。
↓　〔ウ〕でもう一度売る。
仕事の旅行　〔エ〕で本に再会。
↓　〔オ〕で売ろうと思う。

主人公の人物設定

学生時代　〔カ〕でひとり暮らし。
卒業後　海外にも出かける仕事をしている。

主題　思考力・判断力・表現力

●空欄に本文中の語句を入れて、全体の主題を整理しなさい。

大学に入学したころに〔ア〕に売った翻訳小説に、私は〔イ〕で訪れたネパールで出会い、さらにその後、仕事で行ったアイルランドでも再会した。その本は、読むたびに内容が〔ウ〕とは異なっていたが、それは、自分がかわったせいだと私は気づいた。その本は私といっしょに〔エ〕をしているようで、売ってはいけない本のようだが、私はあえて売り、どこで再会するか、再読してどんな〔オ〕を見いだすのかを楽しみにしている。

内容の理解

思考力・判断力・表現力

1「うっぱらってしまう」（一六六・上6）について、次の問いに答えなさい。

(1) これは口語的な表現だが、もとになっている表現に正しなさい。

〔　　　〕

(2) この表現によって、「私」のどのような心情が表されているか。次から選びなさい。

ア　本やレコードを売ることにして、それらが大切なものではなく邪魔なものにすぎないと思い込んでいる心情。

イ　ひとり暮らしを始めてお金が必要になり、本やレコードを売るしかないとやけくそになっている心情。

ウ　東京でのひとり暮らしで遊びを覚え、本やレコードをお金に換えようとするほどすさんだ心情。

エ　愛着のある本やレコードを手放すにあたり、自分で自分を勢いづけ、ふんぎりをつけようとする心情。

〔　〕

2「値の張る貴重本」（一六六・上9）とはどのような本か。本文中の語句を用いて具体的に説明しなさい。

〔　　　〕

3「高座に座った主人」（一六六・上11）はどのような人物として描かれているか。次から選びなさい。

ア　けんか腰で話す不親切な人物。

イ　愛想がなく頑固そうでかたくなな人物。

ウ　昔気質《かたぎ》の大真面目で一本気な人物。

エ　おせっかいで人情味のあふれる人物。

〔　〕

第一段落（初め～p.168上ℓ.14）

4「意味がよくわからなかった。」（一六六・下4）のはなぜか。四十字以内で説明しなさい。

5「むっとして」（一六七・上3）について、ここでの「私」の心情を説明した次の文章の空欄にあてはまる語句を、本文中から抜き出して答えなさい。

ある本の〔　①　〕をたずねた「私」に、古本屋の主人は「本の価値は〔　②　〕で決めることだろう」と答えた。それが「私」には〔　③　〕されたかのようで不愉快だった。

①

②

③

6「ぼんやりと眺めた」（一六七・下16）ときの「私」の心情を次から選びなさい。

ア　古本屋の主人の言葉の真意がわからず、予言者か何かではないかと疑う心情。

イ　古本屋の主人がその小説を売るのかと念を押すため、不安になり売ったことを悔やむ心情。

ウ　古本屋の主人が自分の問いかけに答えてくれなかったので、さらにたずねようかと迷う心情。

エ　古本屋の主人がなぜその小説にこだわるのか見当がつかず、戸惑う心情。

〔　〕

第二段落

7「鼻で笑いながら」（一七〇・下2）について、次の問いに答えなさい。

(1) どのような笑いか。次から選びなさい。

ア　小馬鹿にした笑い　　イ　声を出さないひそかな笑い

ウ　楽しげな笑い　　エ　一瞬のわずかな笑い

〔　〕

第二段落 (p.168上ℓ.16〜p.171上ℓ.13)

(2)なぜ笑ったのか。理由を説明した次の文章の空欄にあてはまる語句を、本文中から抜き出して答えなさい。

かつて古本屋の主人に〔　①　〕いいのかと念押しされた本をネパールのポカラの古本屋で見つけ、ありふれた〔　②　〕にすぎないのにと、こだわった〔　③　〕を滑稽に思ったから。

① 　② 　③

8 「いつのまにか笑いは消えていた」(一七〇・下3)について、次の問いに答えなさい。

(1)なぜ消えたのか。本文中の語句を用いて三十字以内で説明しなさい。

(2)(1)のように判断した根拠は何か。本文中の語句を用いて説明しなさい。

〔　　〕

第三段落 (p.171上ℓ.15〜p.172下ℓ.5)

9 「肩をすくめる」(一七二・上2)について、子どもはなぜそのようにしたのか。次から選びなさい。

ア　ネパールまで来て「私」が本を読む気持ちがわからなかったから。

イ　屋台同然のお茶屋なのに「私」が長居をし続けるから。

ウ　本の表紙の日本語がまったく読めなかったから。

エ　本に興味を持ち「私」に話しかけたかったから。

〔　　〕

第四段落

10 「ぽかんとそれを眺めて」(一七三・下6)とはどういうことかを説明した次の文章の空欄にあてはまる語句を、本文中から抜き出して答えなさい。

アイルランドの〔　①　〕で目にした本が、〔　②　〕のときに売って、ポカラで見つけ、〔　③　〕で再び売った本だとは、すぐにはわからなかったということ。

① 　② 　③

第四段落 (p.172下ℓ.7〜p.174下ℓ.9)

11 「現実味がまるでなかった。」(一七四・上11)とはどういう心境か。次から選びなさい。

ア　日本を離れ、アイルランドに来てからのさまざまなことが、現実の出来事だという実感をまったく感じられない心境。

イ　アイルランドのパブのカウンターで、ギネスを頼み、思い出深い本を開いていることが、まるで夢のように感じられる心境。

ウ　取材の仕事でアイルランドに来て、そこで古本屋に入ったということが、まるで夢の中の出来事のように思われる心境。

エ　学生のときに売り、ネパールで再度手放した本にアイルランドで巡り会ったことが、現実に起きたこととは信じられない心境。

〔　　〕

12 「かわっているのは本ではなくて、私自身なのだ」(一七四・下11)を言い換えている部分を本文中から五十字以内で抜き出し、初めと終わりの五字で答えなさい。 ▼学習二

〜

第五段落 (p.174下ℓ.10〜終わり)

13 新傾向 「その思いつきは不思議なくらい私をわくわくさせる。」(一七五・下6)という箇所について、Aさんは次のようにノートにまとめた。空欄にあてはまる内容を答えなさい。

【ノート】「私」をわくわくさせる理由…三度手放す本に〔　①　〕、そして〔　②　〕、これら二点のことを楽しみにしているから。

①〔　　〕

②〔　　〕

学習目標　さまざまな文芸的話題や引用が散りばめられた作品を読んで、小説の奥深さとおもしろさを味わう。

富嶽百景（中島京子）

教科書p.178〜p.191　検印

漢字　知識・技能

1 太字の仮名を漢字に直しなさい。

① 青森に**たいざい**〔　　〕した。（p.178 上ℓ.10）
② 「ねぶた」は大**はくりょく**〔　　〕だ。（p.178 下ℓ.1）
③ **せんさい**〔　　〕な味わい。（p.178 下ℓ.11）
④ 連隊は**ぜんめつ**〔　　〕した。（p.179 上ℓ.4）
⑤ 土地を**かいたく**〔　　〕した。（p.180 上ℓ.8）
⑥ 山を**なが**〔　　〕めている。（p.180 上ℓ.14）
⑦ 臨時**やと**〔　　〕いの先生。（p.180 上ℓ.17）
⑧ **こうまん**〔　　〕な声。（p.181 下ℓ.1）
⑨ **きせき**〔　　〕をたどった。（p.182 下ℓ.3）
⑩ **しょうどう**〔　　〕に駆られる。（p.183 上ℓ.2）
⑪ 自信**そうしつ**〔　　〕する。（p.183 上ℓ.5）
⑫ **どうほう**〔　　〕の思い。（p.184 下ℓ.7）
⑬ ドライブを**かんこう**〔　　〕する。（p.186 下ℓ.11）
⑭ 写真が**さつえい**〔　　〕される。（p.188 上ℓ.9）
⑮ **こうご**〔　　〕に説明する。（p.188 下ℓ.13）
⑯ 父の**しょさい**〔　　〕。（p.190 上ℓ.10）
⑰ **じしょう**〔　　〕アーティスト。（p.190 下ℓ.1）

2 太字の漢字の読みを記しなさい。

① 真実**寡黙**〔　　〕なのか。（p.178 上ℓ.6）
② 口を**利**〔　　〕いた。（p.178 下ℓ.7）
③ **扇**〔　　〕形の張りぼて。（p.178 下ℓ.10）
④ 合間に**仰**〔　　〕ぎ見る。（p.180 上ℓ.9）
⑤ 先住民の**霊峰**〔　　〕。（p.180 上ℓ.9）
⑥ 美しく、**荘厳**〔　　〕だ。（p.180 上ℓ.12）
⑦ **素朴**〔　　〕な心。（p.181 上ℓ.2）
⑧ 富士の**雄姿**〔　　〕。（p.184 上ℓ.7）
⑨ 天気に**阻**〔　　〕まれた。（p.184 上ℓ.8）
⑩ 日本事情に**疎**〔　　〕い。（p.184 上ℓ.9）
⑪ 善意の**渦**〔　　〕。（p.184 下ℓ.3）
⑫ 当日は**曇天**〔　　〕だった。（p.185 下ℓ.5）
⑬ 妹に**漏**〔　　〕らした。（p.186 上ℓ.11）
⑭ 河口**湖畔**〔　　〕。（p.188 上ℓ.4）
⑮ **頑固**〔　　〕な映画監督。（p.188 下ℓ.3）
⑯ **辛**〔　　〕い決断。（p.189 下ℓ.1）
⑰ 奇妙なものに**遭遇**〔　　〕した。（p.190 上ℓ.9）

語句　知識・技能

1 次の太字の語句の意味を調べなさい。

① 友人の**つれあい**。（p.178 上ℓ.2）
〔　　〕
② **宵越しの金は持たない**主義です。（p.182 下ℓ.9）
〔　　〕
③ 若い者に**こざかしく**説教する。（p.182 下ℓ.13）
〔　　〕

2 次の空欄にあとから適語を選んで入れなさい。

① 誇らしげに語ったときは、〔　　〕。（p.179 上ℓ.5）
② 私にいちばん〔　　〕。（p.179 下ℓ.11）
③ 満面に〔　　〕。（p.184 上ℓ.3）
④ ノンと〔　　〕。（p.184 下ℓ.12）

（ なじみが深い　そっぽを向かれる　目を見張った　笑みをたたえる ）

3 次の語句を使って短文を作りなさい。

① 一刀両断（p.182 上ℓ.13）
〔　　〕
② 目の当たり（p.185 下ℓ.2）
〔　　〕

展開の把握

1 次の空欄に本文中の語句を入れて、内容を整理しなさい。

第一段落 （初め～ p.183 上 ℓ.5）	第二段落 （p.183 上 ℓ.6～ p.185 上 ℓ.4）	第三段落 （p.185 上 ℓ.5～ p.190 上 ℓ.7）	第四段落 （p.190 上 ℓ.8～終わり）
「富士」に対する思いの相違	義兄の「富士」への思い	イリュージョンの「富士」	姪が描く「富士」
ねぶた祭りを友人夫婦と見た帰路 友人の夫の岩木山＝〔ア　　〕富士への思いを知る。 ワシントン州の〔イ　　〕富士。→富士山への私の思い。＝小さな〔ウ　　〕から「ほんとの富士山は、もっときれい。」と思う。 太宰治と夏目漱石の思い。→ナショナリズムの〔エ　　〕への嫌悪。	フランス人の義兄は「fuji」が大好きなのに、本物を見たことがない。 新幹線の中　富士を見ることができず車両中の〔オ　　〕を買い占めた。 → 私…車両中の〔カ　　〕の思いに感染して、富士山を見せたくなった。	伊豆旅行で見せようと思った富士山→雨で見られなかった。 →人々は富士という〔キ　　〕を見ているのではないかという義兄の思い。 →梅雨の晴れ間に〔ク　　〕に向かう→深い霧で見られなかった。 →富士ビューホテルでも見られない→富士はイリュージョンなのか。	五年後　〔ケ　　〕の父の書斎に貼られた絵。 →〔コ　　〕が書いた絵には富士山が描かれている。 →たいていのものには、〔サ　　〕がよく似合う。

2 次の空欄に本文中の語句を入れて、場面設定と登場人物の設定をまとめなさい。 思考力・判断力・表現力

場面設定

私の「富士」の思い出
青森県…〔ア　　〕（津軽富士）
アメリカ…〔イ　　〕山（タコマ富士）

義兄と「富士」
新幹線の車窓から→見逃す
〔ウ　　〕旅行→曇天・豪雨
富士五湖へのドライブ→濃霧

登場人物の設定

私　富士山に小さな〔エ　　〕を抱く。
義兄　〔オ　　〕人。富士が大好き。

主題

●次の空欄に本文中の語句を入れて、全体の主題を整理しなさい。 思考力・判断力・表現力

私は〔ア　　〕を旅行して、友人のつれあいの〔イ　　〕山に対する思いを知った。シアトルで臨時の〔ウ　　〕をしていたとき、「タコマ富士」よりも富士山はきれいと思い、自分の中に小さなナショナリズムを感じたが、太宰治や夏目漱石はナショナリズムの〔エ　　〕を嫌ったようだ。フランス人の〔オ　　〕は富士山が大好きだったが、本物の富士山を見ることができず、富士山は〔カ　　〕なのかと思ってしまう。姪の絵には富士が描かれている。

内容の理解

思考力・判断力・表現力

第一段落（初め〜p.183上ℓ.5）

1 **「サンプルなのである」**（一七八・上8）**とあるが、「私」はどういうことを言おうとしているのか。次から選びなさい。**

ア　友人の夫は東北人らしく、ねぶた祭りが好きだということ。

イ　私にとって、友人の夫が寡黙な東北の男性の典型的な存在であること。

ウ　私にとって東北の男性と言えば、友人の夫しか思い浮かばないこと。

エ　友人の夫のように東北の男性は、皆深い郷土愛の持ち主だということ。

〔　　〕

2 **「私」は「友人の夫の、深い郷土愛」**（一七八・下7）**をどのようなことから感じ取ったのか。本文中の語句を用いて四十五字以内で答えなさい。**

3 **「移民一世たちが『富士』と呼びたくなった気持ち」**（一八〇・上12）**を言い換えた語句を漢字三字で本文中から抜き出しなさい。** ▼学習一

4 **「私はちょっと、悔しい。」**（一八〇・下7）**と思うのはなぜか。その理由を本文中の語句を用いて二十五字以内で説明しなさい。** ▼傍問1

5 **「外国人に対して、おれの国には富士山があるというようなばかな」**（一八一・上10）**とあるが、夏目漱石はどういうことを言いたかったのか。次から選びなさい。**

ア　自然が生み出した富士山を持ち出して、西洋文明に対抗しようとする愚かさ。

イ　日露戦争に勝ったことで、日本は世界の先進国に並んだと思い込む気楽さ。

ウ　機能ばかりではなく外観も欧米の都市に劣っている日本の都市に対する恥ずかしさ。

エ　日露戦争以降も日本で誇れるものは、天然自然の富士山しかないという無念さ。

〔　　〕

6 **「ナショナリズムの胡散臭さ」**（一八一・下10）**とはどのようなことを言っているのか。次から選びなさい。**

ア　富士山を日本一の山と知らされてあこがれているからワンダフルと言うが、事前に宣伝がなければ心細く思うこと。

イ　日露戦争後は世界の中で一等国になったと自慢することはあっても、富士山を誇ることはなくなったこと。

ウ　日本が戦争に勝って国威を誇示しようというねらいに、日本一の富士山を利用しようとしていること。

エ　戦争に勝っても、都市の建物も庭園も西洋諸国には追い付けない日本人には富士山しか誇れるものがないこと。

〔　　〕

第二段落（p.183上ℓ.6〜p.185上ℓ.4）

7 **「君は北斎か」**（一八三・下6）**とあるが、私はどういうことを言おうとしているのか。そのことを説明した次の文章の空欄に入る語句を本文中から抜き出しなさい。**

絵が〔　①　〕であるフランス人の〔　②　〕は、〔　③　〕もあって絵の才能があると思うが、彼の絵には必ず「fuji」が登場するので、『富嶽三十六景』や『富嶽百景』など富士山を主題にした作品を残した葛飾北斎になぞらえて、ユーモアから「君は北斎か」と述べている。

①〔　　〕　②〔　　〕　③〔　　〕

第二段落（p.183上ℓ.6～p.185上ℓ.4）

8 **「義兄に、富士山を見せたい。」**（一八四・下4）**と「私」が思ったのはなぜか。次から選びなさい。**

ア　ひいき目からでなく、義兄は絵の才能はあるのに、富士山はまだ上手に描けていなかったから。
イ　義兄は富士山が大好きであったが、本物の富士山をまだ見たことがなかったから。
ウ　京都見物の帰路に新幹線の中で見るチャンスがあったのに、義兄は富士山を見過ごしてしまったから。
エ　義兄と同じ車両にいて、富士山を見そびれた義兄に同情した日本人の気持ちが移ったから。

〔　　〕

第三段落（p.185上ℓ.5～p.190上ℓ.7）

9 **「まさに旅には『暗雲が垂れ込め』ていた」**（一八五・下6）**の「暗雲」に込められている二つの意味をそれぞれ答えなさい。**

〔　　〕
〔　　〕

10 新傾向 **「『……ぱこーんと』見える」**（一八五・下9）、**「『……くっきりと』浮かぶ」**（一八五・下12）**とあるが、この二つの擬態語の表現効果を説明したものとして適当なものを、次から選びなさい。**

ア　本来ならば富士山を眺めることができて満足しているはずの義兄の無念さを際立たせる効果。
イ　ふだんならはっきりと見えるのに、今回の旅では富士山の姿がまったく見られなかったことを強調する効果。
ウ　あいにくの雨で見ることができなかった富士山の風景を読者に臨場感を持って想像させる効果。
エ　今回も見ることはできなくて、絵や写真で見た富士山を幻想ではないかと疑う義兄の心情を打ち消す効果。

〔　　〕

第三段落（p.185上ℓ.5～p.190上ℓ.7）

11 **「腕を組んで仁王立ちした」**（一八八・上12）**ときの義兄の気持ちを二十字以内で説明しなさい。**

12 **「事情」**（一八八・下9）**を四十字以内でわかりやすく説明しなさい。** ▼傍問3

13 **「あまり喜ばずに、興味なさそうな顔をした」**（一八九・下10）**のはなぜか。次から選びなさい。**

ア　「富士ビューホテル」まで行ったのに富士山は見られなかったから。
イ　見ることができなかった富士山を巡る旅に飽きてしまっていたから。
ウ　山頂に雪のない富士山は、富士山のイメージにそぐわなかったから。
エ　心の中で、富士山はイリュージョンなのだと、決めてしまったから。

〔　　〕

第四段落（p.190上ℓ.8～終わり）

14 **「その絵は、成長した姪が彼女の祖父にプレゼントしたものだ」**（一九〇・上13）**とあるが、「私」は姪の絵を見てどのように思っているか。次から選びなさい。**

ア　義兄の代わりに富士山を描いてくれて、富士山を見せた甲斐があった。
イ　義兄の血を引いているだけあって、子供ながら上手に描いている。
ウ　自称アーティストだが、紙面を何かで埋めているだけである。
エ　どんなものにも富士山が似合うという新発想は、日本人にはうれしい。

〔　　〕

学習目標 表現の特徴が作品に及ぼす効果を考え、人が虎になるという怪異の意味をふまえて作品の主題を考える。

山月記（中島敦）

教科書p.194〜p.208

検印

漢字　知識・技能

1 太字の仮名を漢字に直しなさい。

① p.194 ℓ.3 官を**しりぞ**〔　〕く。
② p.194 ℓ.6 **しょうそう**〔　〕にかられる。
③ p.194 ℓ.9 **ひんきゅう**〔　〕に堪えない。
④ p.194 ℓ.10 東へ**おもむ**〔　〕く。
⑤ p.195 ℓ.11 山野を**そうさく**〔　〕する。
⑥ p.196 ℓ.11 **しょうとつ**〔　〕しない。
⑦ p.196 ℓ.13 声が**も**〔　〕れる。
⑧ p.198 ℓ.5 自分を**まね**〔　〕く。
⑨ p.198 ℓ.6 **むがむちゅう**〔　〕。
⑩ p.198 ℓ.9 谷川に**のぞ**〔　〕む。
⑪ p.199 ℓ.6 語るに**しの**〔　〕びない。
⑫ p.201 ℓ.4 作の**こうせつ**〔　〕。
⑬ p.201 ℓ.9 **ひぼん**〔　〕な才能。
⑭ p.203 ℓ.2 事の**きい**〔　〕を忘れる。
⑮ p.203 ℓ.10 進んで師に**つ**〔　〕く。
⑯ p.204 ℓ.7 才能不足を**ばくろ**〔　〕する。
⑰ p.204 ℓ.9 才能を**せんいつ**〔　〕に磨く。

2 太字の漢字の読みを記しなさい。

① p.194 ℓ.2 **潔**〔　〕しとしない。
② p.194 ℓ.7 肉落ち骨**秀**〔　〕でる。
③ p.196 ℓ.6 あわや**躍**〔　〕りかかる。
④ p.196 ℓ.6 身を**翻**〔　〕す。
⑤ p.197 ℓ.7 **図**〔　〕らずも故人に会う。
⑥ p.197 ℓ.15 旧友の**消息**〔　〕。
⑦ p.198 ℓ.1 **隔**〔　〕てのない語調。
⑧ p.199 ℓ.5 残酷な**所行**〔　〕を続ける。
⑨ p.199 ℓ.8 人語を**操**〔　〕る。
⑩ p.199 ℓ.15 宮殿の**礎**〔　〕。
⑪ p.201 ℓ.7 筆を**執**〔　〕る。
⑫ p.201 ℓ.8 意趣の**卓逸**〔　〕な作品。
⑬ p.203 ℓ.2 詩人の**薄幸**〔　〕を嘆じた。
⑭ p.205 ℓ.1 **空谷**〔　〕に向かって吼える。
⑮ p.205 ℓ.15 道塗に**飢凍**〔　〕する。
⑯ p.206 ℓ.15 **懇**〔　〕ろに別れを述べる。
⑰ p.207 ℓ.1 **悲泣**〔　〕の声。

語句　知識・技能

1 次の太字の語句の意味を調べなさい。

① p.195 ℓ.3 **歯牙にもかけない**。〔　〕
② p.196 ℓ.15 **久闊を叙す**。〔　〕
③ p.203 ℓ.8 郷党の**鬼才**。〔　〕
④ p.204 ℓ.8 **刻苦**をいとう怠惰。〔　〕
⑤ p.206 ℓ.15 **懇ろに**別れの言葉を述べる。〔　〕

2 次の空欄に適語を入れなさい。

① p.203 ℓ.10 切磋〔　〕に努める。
② p.203 ℓ.11 俗物の間に〔　〕する。

3 次の語句を使って短文を作りなさい。

① p.196 ℓ.6 たちまち
〔　〕

展開の把握

1 次の空欄に本文中の語句を入れて、内容を整理しなさい。 ▼学習一

第一段落（初め～p.195 ℓ.13）	第二段落（p.195 ℓ.14～p.198 ℓ.2）	第三段落（p.198 ℓ.3～p.206 ℓ.14）				第四段落（p.206 ℓ.15～終わり）
		李徴の語り				
李徴の紹介	旧友との再会	虎への変身	李徴の詩	虎になった理由	妻子のことを依頼	別離
〔ア　　〕の李徴は〔イ　　〕に登第したものの、詩家を志した。しかし文名は揚がらず再び地方〔ウ　　〕となるが、ある夜発狂して行方がわからなくなった。	監察御史の袁傪が商於の地を通ったとき〔エ　　〕に襲われかけたが、それはかつての友の李徴の変わり果てた姿であった。	李徴は、虎になった不思議な体験を語り始め、〔オ　　〕が還ってくる時間がしだいに短くなっていく恐怖を告白する。	詩人としての自分に執着する李徴は、自作の詩の伝録を頼み、さらに今の思いを〔カ　　〕の詩に述べた。	虎になった理由として臆病な〔キ　　〕と〔ク　　〕な羞恥心とを併せ持つ自身の性情をあげた。	妻子の今後を依頼したときに、李徴は妻子のことよりも己の〔ケ　　〕のことを気にしていた自身の過ちに気づき自嘲する。	別れを告げた袁傪一行に虎の姿を見せて〔コ　　〕に咆哮した李徴はその後姿を見せなかった。

2 次の空欄に本文中の語句を入れて、場面設定と登場人物の設定をまとめなさい。 思考力・判断力・表現力

場面設定

場所　唐代の中国

袁傪が〔ア　　〕に使いする道中

時間　いまだ〔イ　　〕朝

登場人物の設定

李徴　博学才穎《さいえい》だが、詩作は思うようにいかず、地方官吏となる。

〔ウ　　〕に変身

袁傪　李徴の学生時代の友人

〔エ　　〕な性格

主題

●次の空欄に本文中の語句を入れて、全体の主題を整理しなさい。 思考力・判断力・表現力

官吏を辞して〔ア　　〕としての名を遺《のこ》そうと志した李徴の〔イ　　〕は揚がらず、〔ウ　　〕を屈して再び地方官吏となったが、かつての同輩の〔エ　　〕を拝することに耐えられず、ある夜〔オ　　〕して姿を消した。翌年旧友の袁傪に出会った李徴は、「〔カ　　〕な自尊心、尊大な〔キ　　〕」や、妻子よりも己の詩業に執着する自分の中に虎になった原因が隠されていたことにようやく気づいたという悲劇を告白する。

内容の理解

思考力・判断力・表現力

第一段落（初め〜p.195 ℓ.13）

1 次の空欄に本文中の語句を入れて、李徴の人物像をまとめなさい。

能力…〔ア　　〕・若くして名を〔イ　　〕に連ねた・儁才

性格…〔ウ　　〕・自らを〔エ　　〕ところが非常に強い・狂悖の性

2 李徴が「官を退いた」（一九四・3）理由をわかりやすく説明しなさい。

〔　　　　〕

3 李徴が「節を屈して」（一九四・9）再び地方官吏の職に就いた理由を二つ、本文中からそれぞれ十五字以内で抜き出しなさい。

第二段落（p.195 ℓ.14〜p.198 ℓ.2）

4 「危ないところだった。」（一九六・7）とは具体的にどういうことか。説明しなさい。

〔　　　　〕

5 「ややあって」（一九六・13）とあるが、このときの李徴の心理として適当なものを次から選びなさい。

ア　正体を知られたことを恥じる心と、旧友と話をしたい気持ちが入り交じった心理。

イ　かつては自尊心が強かった自分なのに、思わず涙を流してしまったことを恥ずかしく思う心理。

ウ　虎であることを忘れて、久しぶりに自分の過去を知る人と出会ったことをうれしく思う心理。

エ　異類の身となって旧友に襲いかかったことを、ただただ深く恥じて反省する心理。〔　　〕

6 「この超自然の怪異」（一九七・12）とはどういうことか。簡潔に説明しなさい。

〔　　　　〕

7 「声に応じて」（一九八・4）とあるが、このときの「声」とは何だったのか。次から選びなさい。

ア　運命の呼ぶ声　イ　内なる良心の声　ウ　袁傪の声〔　　〕

8 李徴の運命観が語られている一文を本文中から抜き出し、初めと終わりの五字で示しなさい。（句読点を含む）

〔　　　　　〕〜〔　　　　　〕

第三段落（p.198 ℓ.3〜p.206 ℓ.14）

9 李徴が「これは恐ろしいことだ。」（一九九・13）と言う理由を、次から選びなさい。 ▼脚問3

ア　生き物のさだめに従って、自分より弱いものを殺して生きていかなければならないから。

イ　自分の中に残っている人間性が日に日に失われて、人間の世界を喪失してしまうから。

ウ　人間としての心で、自分の残虐な行いの跡を見て、自分の運命について考えてしまうから。

エ　虎となって現在に至るまで、自分でも信じられないほどの殺生を繰り返してきたから。〔　　〕

10 「そのほうが、おれはしあわせになれるだろう」（二〇〇・6）で「しあわせ」と傍点が付されている理由を、次から二つ選びなさい。 ▼脚問4

第三段落（p.198 ℓ.3〜p.206 ℓ.14）

ア　袁傪だけの「しあわせ」にすぎないことを強調するため。
イ　獣としての「しあわせ」にすぎないことを強調するため。
ウ　本当の「しあわせ」をつかむことは困難なことを示すため。
エ　誰もが望む絶対的な「しあわせ」ではないことを示すため。
オ　人は「しあわせ」を求めて生きていることを示唆するため。
〔　　〕〔　　〕

11 新傾向 **第三段落における李徴の一人称の使い分けについて次のように整理した。空欄①〜④に入る語句を、それぞれあとから選びなさい。**

自分…〔　①　〕で、自分の〔　②　〕とき
おれ…〔　③　〕で、自分の〔　④　〕とき

ア　感情的　　イ　苦しみを吐露する
ウ　冷静　　エ　内面を客観的に語る

①〔　　〕②〔　　〕③〔　　〕④〔　　〕

12 **「業いまだ成らざる」（二〇〇・14）の「業」とはどういうことか。解答欄の形式に合うように、本文中から十字以内で抜き出しなさい。**

〔　　　　　　　　　　〕こと。

13 **「旧詩を吐き終わった李徴の声は、突然調子を変え」（二〇一・13）とあるが、「突然調子を変え」たのはなぜか。その理由を、次から選びなさい。**

ア　後代に自分の詩を残す算段がつき、死ぬ覚悟ができたため。
イ　自分の詩が世の風流人たちに認められるか不安に思ったため。
ウ　自分の詩が、今、書き留められたことに満足したため。
エ　虎になっても己の詩に執着していることを恥じたため。〔　　〕

14 **李徴が詠んだ即席の詩から読み取れる李徴の心情はどのようなものか。次から選びなさい。**

ア　虎である自分の力を見せつけたいと願っている。
イ　虎になってしまった自身の境遇を哀れに思っている。
ウ　人間に戻って家族と再会したいと願っている。
エ　出世した袁傪のことを妬み、羨んでいる。〔　　〕

第三段落（p.198 ℓ.3〜p.206 ℓ.14）

15 **李徴を虎に変えた性情を、本文中から二つ、それぞれ六字で抜き出しなさい。**

〔　　　　　　〕〔　　　　　　〕

16 **「珠」（二〇三・12）、「瓦」（二〇三・14）は、それぞれどういう人をたとえたものか。簡潔に説明しなさい。**

珠〔　　　　〕
瓦〔　　　　〕

17 **李徴は自分が虎になった理由をどのように判断しているか。二〇六ページから四十五字以内で抜き出し、初めと終わりの五字で答えなさい。（句点は含めない）**

〔　　　　　〕〜〔　　　　　〕

第四段落（p.206 ℓ.15〜終わり）

18 新傾向 **「白く光を失った月」（二〇七・5）について生徒たちが話し合っている。空欄にあてはまる語を、それぞれあとから選びなさい。** ▼学習二

生徒A：「白く光を失った月」って、どことなく悲しそうだよね。
生徒B：うん、状況的には〔　①　〕であるはずだから、たしかにだんだんと光が消えていくタイミングだよね。
生徒C：李徴が人間の心を持っていられる時間もだんだんと〔　②　〕なっているんだよね。
生徒A：そうか、ここにこういう表現があることで、もう〔　③　〕がないであろう〔　④　〕な李徴の悲しみを示す効果があると言えそうだね。

ア　曇り空　　イ　長く　　ウ　虎になること　　エ　孤独
オ　夜明け前　　カ　短く　　キ　人間に戻ること　　ク　醜悪

①〔　　〕②〔　　〕③〔　　〕④〔　　〕

学習目標　『山月記』と「人虎伝」を読み比べて、主人公の内面の相違から『山月記』の特徴を考える。

活動　『山月記』と「人虎伝」との読み比べ

教科書p.194～p.208

検印

○『山月記』は、唐代の伝奇小説である「人虎伝」をもとにして書かれた。「人虎伝」の口語訳（抜粋）を読み比べて、あとの問いに答えなさい。　▼活動一

「人虎伝」（『唐人説薈《せつわい》』）　李景亮《りけいりょう》

　隴西《ろうせい》出身の李徴《りちょう》は皇族の子孫で、虢略《かくりゃく》に住んでいた。李徴は若いころから学問を広くおさめ、漢詩や文章を見事に作った。二十歳の時、科挙の地方試験に通って、時の人びとから名士と呼ばれた。天宝十五年の春、尚書《しょうしょ》右丞《ゆうじょう》の楊元《ようげん》が主管した科挙の本試験で進士に及第した。数年の後、召し出され江南地方のとある県の尉官に任命されたが、李徴は人と親しまない身勝手な性格で、自分の才能を自慢して偉そうにしていた。だから自分が下級の役人でいることに我慢がならず、いつも不満そうでおもしろくなかった。同僚との集まりがあるたびに、酒に酔ってくると、周りの役人たちを眺めながら、「おれがおまえらなんかと同じ仲間でいられるか。」と言う。同僚たちはみな嫌そうに彼を見た。

　県尉の任期を終えると、官界から身を引き、故郷に帰って静かな暮らしに入り、ほぼ一年あまりもの間、人との交わりを絶った。その後、衣食を手に入れる必要に迫られ、東方の呉楚《ごそ》地方に出かけ、各地方の長官を訪ねては援助を求めた。呉楚の人たちは李徴の名声をずっと前から聞いていたので、彼が行くと、みな宿泊の用意をして待っていてくれた。李徴が存分に遊んで立ち去ろうとすると、長官たちは丁重な餞別《せんべつ》を贈り、彼の財布を一杯にした。李徴は呉楚地方に滞在して一年あまりがたとうとしていたが、その間に受けた餞別は大変なものだった。そこで李徴は西方の虢略に帰ろうとしたが、まだ家に着かないとき、汝水《じょすい》のほとりの宿屋に泊まっていて突然に病にかかって気が狂った。李徴はお供の男をむちでたたき、お供の男は苦しみに堪えられなかった。十日あまりたつと、病気はいっそうひどくなり、やがて夜中に狂って駆け出し、行方がわからなくなった。李徴の家の召し使いたちが捜索してみたが、一月探しても李徴は結局戻ってこなかった。そこでお供の男も李徴の馬を連れ、餞別の入った財布も持って遠くへ逃げてしまった。

　翌年になって、陳郡出身の袁傪《えんさん》が、監察御史として皇帝の命を受け、嶺《れい》南《なん》地方へ使者として旅だった。馬車に乗って商於《しょうお》という場所の境界までやってきたとき、早朝に宿を出発しようとすると、宿駅の役人が、「この先の道中には虎がいて、凶暴で人を食べます。だからここの道を進むものは、昼間でないと誰も通ろうとはしません。今はまだ時刻が早すぎます。少しの間出発を見合わせてください。決してお出かけになってはいけません。」と言う。袁傪は怒って、「わたしは天子の使者だ。騎馬のお供がたくさんついている。山や沼地に棲《す》む獣ごときが、わたしを襲えるはずがない。」と言い、そのまま車の用意を指示して出発した。

　するとまだ一里も行かないうちに、案の定虎が草の中から飛び出てきた。袁傪はとても驚いた。ところが虎はすぐに草の中に身を隠し、人間の言葉で、「おかしなことだ。おれは自分の旧友を傷つけるところだった。」と言う。袁傪がその声に耳を傾けてみたところ、なんと李徴のようだった。その昔、袁傪は李徴と同じ年に進士に及第し、よく知った仲だったが、もう何年も会わずにいた。それが、李徴の声が突然聞こえてきたものだから、驚いたり、不思議に思ったりして、何が起こったかわからなくなった。そのまま、「あなたは、誰だ。もしやわが旧友、隴西の李君ではないか。」と問いかけた。すると虎は数回、すすり泣くようにほえた。やがて虎は袁傪に向かって、「わたしは、李徴だ。」と答えた。

（中略）

「かつて、人間だったころ、わたしは呉楚地方に旅に出ていた。去年のこと、ちょうど家に戻ろうとして、道中、汝墳《じょふん》の地に宿泊したとき、突然病気にかかって狂ってしまった。夜中に外でわたしの名を呼ぶ声が聞こえたので、そのままその声につられて外に出、山や谷の間を走りまわっているうちに、知らず知らずのうちに左右の手で地面をつかんで歩いていた。それからは、気持ちがますます残忍になり、力もますます強くなっていくのを感じた。肘やもものあたりを見れば、毛が生えていた。心中、とても不思議に思っていたが、やがて谷川の水に姿を映して見たところ、もう虎になっていた。わたしはしばらくの間、悲しんで声をあげて泣いた。けれどもまだ生き物をつかまえて食べるようなことはできなかった。だが時がたつと腹が減って我慢できなくなり、そのまま山中の鹿・いのしし・のろ・うさぎなどをとって食べるようになった。さらに時がたつと獣たちがみなわたしを遠く避けるようになり、食べ物を手に入れられなくなり、飢えがいっそうひどくなった。

そうしたある日のこと、婦人がやって来て、山のふもとを通りかかった。そのときわたしはちょうど空腹に耐えられず、あたりを何度か歩き回ったすえ、自分を抑えきれず、そのまま婦人を捕まえて食べてしまった。格別にうまいと思った。その人のかんざしが今も大きな岩のもとにある。それからというもの、冠をつけて車に乗って行く者、歩いて行く者、荷物を背負って走って行く者、羽をつけて空を飛ぶ者、柔らかい毛を生やして山中を走っていく者などが見えると、力の限りみなをつかまえて行く手を阻み、すぐさま食い尽くしてしまうのを、日常の暮らしとしている。妻子のことを考えたり、友人のことを思ったりしないわけではない。だが天地の神に背くことをしてしまったため、こうしてひとたび獣になってしまったことを思うと、人に顔を合わせるのが恥ずかしい。だから獣の分際でもう人には会えないのだ。ああ、思えばわたしと君とは同じ年に進士に及第し、親しい交わりをもともと結んでいた。今や君は朝廷の法令を執り行う官に就き、親友であるわたしの前に輝いている。一方、わたしは草木の茂みに身を隠さねばならず、永久に人間の世界から離れてしまった。躍り上がって天に叫び、地に伏せって涙してみても、そこなわれて獣になってしまった身にはどうしようもない。これが結局運命というものだろうか。」

（中略）

虎は言った。「君が承知してくれなければ、わたしも言おうと思わなかったが、君が了解してくれたからには、全部話そう。わたしは最初旅の宿で、病気のために気が狂い、やがて人気のない山の中に入った。そしてお供の者はわたしの馬を盗み、着物財布などをみな持って逃げてしまった。わたしの妻や子はまだ虢略にいるだろうが、わたしが獣に変わったなどとは知らないはずだ。そこで、君が南方から帰ってきたら、ひとつわたしのために、手紙を送ってわが妻子を訪ねてほしい。ただわたしのことは、もう死んだとだけ伝えてほしい。今日のことは言わないでもらいたい。そのことは覚えておいてくれ。」

そして虎は言った。「わたしは人間の世界で、何の財産も残さなかった。わたしにはまだ幼い子がいる。この子が自分で生計を立てるのはもちろん無理だ。君はいま朝廷の大官に連なっているし、正義を普段から守っている。旧友の仲を大切にすることで、君の右に出られる者はいない。そこで父親のないこの幼子のことを気にかけてくれるよう、ぜひとも君にお願いしたい。しかるべき時に恵んでやって、道路で飢え死にさせないようにしてくれれば、それもやはり大きな恩徳だ。」

（中略）

虎は言った。「わたしには以前作った詩文が数十編あるが、まだ世間で読まれてはいない。世に残した原稿もあるけれども、みな散逸したことだろう。わたしのために記録してくれれば、文人の間で取り沙汰されるほどの代物では全くないが、それでも子孫に伝わればよいのだ。」

袁傪はすぐにお供の者を呼んで筆記するよう命じ、虎の李徴が述べるままに書き取らせた。それは二十編近くあり、表現は大変に格調が高かったし、内容もとても深遠であった。袁傪はそれを読んで、あまりのすばらしさに何度もため息をもらした。虎は言った。「これがわたしの生涯の仕事だ。これをそのままにして伝えないでいられようか。」

やがてまた言った。「わたしは詩を一編作ろうと思う。わたしは外形は人と異なっているけれど、内面は人と変わらないことを示そうと思うし、また詩を作ることでわたしの思いを述べ、わたしの辛く耐えがたい感情を表そうと思うからだ。」

袁傪はまた部下の役人に命じて筆記させた。

（中略）

袁傪は驚いて言った。「君の才能と実力はわかった。しかし君はこんなことになってしまうとは、君は日ごろ自分自身残念でたまらないだろう。」

虎は答えて言った。「陰陽の二気が万物を生み出すとき、えこひいきはもともとないだろう。その後、それぞれが出会う時代や運命などは、わたしにはわからない。ああ、かつて孔子《こうし》は、顔回《がんかい》が不幸にも短命で死に、冉《ぜん》有《ゆう》が病気になったことを深く嘆かれていた。わたしの場合、なぜこんな残念なことになったのか、その原因を振り返って考えてみるならば、やはり思い当たることがある。きっとこれにちがいない。旧友の君に出会ったのだ、何も隠すことはない。わたしはいつもこのことを覚えている。以前、南陽の町の郊外で、ある寡婦とこっそり親しくなったことがあった。ところがその家人がひそかにこのことを知って、わたしをいつも邪魔しようとしていた。だからわたしはもうその寡婦とは会うことができなくなった。それでわたしはある風の強い日にその家に火を放ち、一家数人をみな焼き殺して逃げ去った。今はこのことが悔やまれてならない。」

虎はまた言葉を続けて言った。「君が使者の任務を終えて都に帰るときには、どうかほかの郡の道を取ってもらいたい。二度とこの道を通ってはいけないぞ。わたしは今は意識がはっきりとしているが、いつか心が完全に麻痺してしまえば、君がここを通ったとき、わたしはもはや君のこともわからなくなって、君を牙《きば》で噛《か》み砕いてしまうだろう。そしてわたしは、世の教養人の間で笑い者にされてしまう。（そんなことを避けるために、どうかここを通らないでくれたまえ。）これが君に対する、わたしの切実な願いだ。君がここから百歩ほど進んで行き、小さな山の上に上ると、そこからは下がよく見える。君がそこに立ったときに、わたしは君にわが姿を見せよう。勇姿を誇ろうとしてではない。君にわが姿を見せ、もう二度とここを通らせないようにするためだ。そうすれば、旧友の君に対してわたしが薄情ではないことがわかるだろう。」

そして言った。「君が都に戻ってわたしの友人や妻子に会っても、今日のことは決して言わないでくれ。さて、使者の旗を立てた君の行列をわたしは長い間止め、天子の命令を受けた君の旅程を遅らせてしまうのが気がかりだ。これでもう君とお別れしよう。」

（中略）

都に帰った袁傪は、使いの者に手紙と香典とを持って李徴の家に行かせ、子供に李徴の死を知らせた。それから一月あまり、李徴の子供が虢略から上京し、袁傪のところに亡父のひつぎの所在を尋ねにきた。それで袁傪はしかたなく、旅中での出来事を詳しく聞かせ、そして自分の俸給の半分を李徴の妻子に与え、彼らが飢えたり凍えたりしないようにした。袁傪は後に兵部侍郎《へいぶじろう》の官にまで昇進したのだった。

内容の理解

思考力・判断力・表現力

1 『山月記』と「人虎伝」を三つの観点から比較した。次の表の空欄に入る語句を「人虎伝」の口語訳から抜き出しなさい。

	『山月記』	「人虎伝」
李徴の人物像・経歴	・博学才穎。性、狷介。 ・江南尉に補せられたが、下吏として勤めるよりも、詩家としての名を残そうと退官して、詩作にふけった。 ・妻子の衣食のためと己の詩業に半ば絶望して、地方官吏の職を奉ずる。 ・かつての同輩の下命を拝することで自尊心が傷つく。	・〔ア　　〕の子孫。 ・〔イ　　〕と呼ばれた。 ・江南地方の県の尉官の〔ウ　　〕が満ちて退官、その後は静かに暮らした。 ・衣食の必要に迫られ、〔エ　　〕地方を巡る。そこでは李徴の〔オ　　〕が知られていて、厚遇され、〔カ　　〕で財布を一杯にした。
虎になった原因	・詩への執着。 ・臆病な自尊心と尊大な羞恥心。 ・妻子よりも己の詩を優先した「人間」性の欠如。	・〔キ　　〕の神に背く。 ・こっそり親しくなった寡婦と会えなくされたことで、その家人を皆焼き殺した。
袁傪への依頼と順序	・後代に詩を伝録してほしい。 ↓ ・妻子の今後の生活。	・妻子の今後の生活。 ↓ ・〔ク　　〕に詩を伝えたい。

2 **1**でまとめた相違点について気づいたことや感想を発表した。二人の生徒の発表を読んで、あとの問いに答えなさい。

生徒A：私が注目したのは虎になった理由です。『山月記』では「臆病な自尊心と尊大な羞恥心」という李徴の〔①　〕や妻子よりも自己の詩業を〔②　〕した〔③　〕の欠如を理由としており、自己の内面を分析して原因を求める点で、近代小説らしい特徴があると思います。一方、「人虎伝」では知り合った「寡婦」の一家を皆焼き殺すという非道な行いをし、〔④　〕の欠如から〔⑤　〕を起こしたことが理由とされていると思います。非道な行いに対する報い、つまり〔⑥　〕応報の説話として成り立っていると思いました。

生徒B：私は作品の構造で、袁傪への依頼の順序が『山月記』では詩の伝録が先で妻子の生活の援助が後になっている点に注目しました。自分の詩業を優先した李徴の悔恨を描いたところから〔⑦　〕という作者の意図が感じられました。

(1) 空欄①～⑥に入る語を、それぞれあとから選びなさい。

ア 優先　イ 欠如　ウ 犯罪　エ 正義　オ 性情
カ 倫理感　キ 人間性　ク 因果　ケ 運命

①〔　　〕②〔　　〕③〔　　〕
④〔　　〕⑤〔　　〕⑥〔　　〕

(2) 空欄⑦にあてはまる最も適当なものを次から選びなさい。

ア 李徴が、若いころから学問だけでなく、漢詩や文章にたけていて、詩人としての名声を確立していたことを証明する
イ 妻子に財産を残せないまま虎になってしまったことを悔いることで、李徴が家族愛の強い人物だったことを印象付ける
ウ 妻子よりも己の詩業を気にかけるという人間性の欠如こそが、虎になる原因だったと後悔する李徴の悲痛な心情を表す
エ 虎に姿を変えていても、旧友の願いなら何でもかなえてやるという、袁傪の友情の厚さを称える

〔　　〕

学習目標 清兵衛と大人たちの瓢箪に対する考えの違いを通して、価値判断や評価について考えを深める。

清兵衛と瓢箪（志賀直哉）

教科書p.210〜p.219

検印

漢字

1 **太字の仮名を漢字に直しなさい。**

① p.210 ℓ.7 瓢箪を**みが**〔　〕く。
② p.211 ℓ.2 **りっぱ**〔　〕な瓢箪。
③ p.211 ℓ.6 半町ほど**か**〔　〕けた。
④ p.212 ℓ.2 **せんもん**〔　〕の店。
⑤ p.212 ℓ.5 茶の間の**すみ**〔　〕。
⑥ p.212 ℓ.6 手入れが**す**〔　〕む。
⑦ p.212 ℓ.8 **はだ**〔　〕に汗をかく。
⑧ p.212 ℓ.8 **あ**〔　〕かず眺める。
⑨ p.213 ℓ.1 皮つきに**きょうみ**〔　〕を持つ。
⑩ p.213 ℓ.12 **ひんぴょうかい**〔　〕に出す。
⑪ p.215 ℓ.12 芝居の**こうぎょう**〔　〕。
⑫ p.216 ℓ.4 父は**るす**〔　〕だった。
⑬ p.216 ℓ.6 **きょうしゅく**〔　〕していた。
⑭ p.216 ℓ.7 **しゅうねん**〔　〕深い。
⑮ p.217 ℓ.3 青くなって**だま**〔　〕っていた。
⑯ p.217 ℓ.12 **かしこ**〔　〕い男だった。
⑰ p.218 ℓ.6 絵に**ねっちゅう**〔　〕する。

2 **太字の漢字の読みを記しなさい。** 知識・技能

① p.210 ℓ.6 **栓**〔　〕も自分で作った。
② p.210 ℓ.8 **凝**〔　〕った作り。
③ p.211 ℓ.1 **屋台**〔　〕が並んでいる。
④ p.212 ℓ.1 **八百屋**〔　〕から出てくる。
⑤ p.212 ℓ.2 **駄菓子屋**〔　〕の店先。
⑥ p.212 ℓ.7 **缶**〔　〕にしまう。
⑦ p.213 ℓ.1 **平凡**〔　〕な形。
⑧ p.213 ℓ.7 人生を**顧**〔　〕みた。
⑨ p.213 ℓ.9 **奇抜**〔　〕なデザイン。
⑩ p.214 ℓ.9 **格子**〔　〕に柿をつるす。
⑪ p.214 ℓ.13 **震**〔　〕いつきたい。
⑫ p.215 ℓ.9 **修身**〔　〕の時間。
⑬ p.215 ℓ.12 **芝居**〔　〕小屋。
⑭ p.215 ℓ.15 **丹精**〔　〕こめて作る。
⑮ p.216 ℓ.12 母は**愚痴**〔　〕を言った。
⑯ p.216 ℓ.14 **殴**〔　〕りつけた。
⑰ p.217 ℓ.2 **玄能**〔　〕で割る。

語句

1 **次の空欄にあとの語群から適語を選んで入れなさい。同じ語を二度用いてもよい。** 知識・技能

① p.212 ℓ.14 資料に〔　〕を通す。
② p.214 ℓ.4 内輪の話に〔　〕を入れる。
③ p.215 ℓ.6 驚いて〔　〕を丸くする。
④ p.215 ℓ.14 〔　〕をどきどきさせる。
⑤ p.215 ℓ.11 〔　〕に食わない。
⑥ p.215 ℓ.14 〔　〕を震わして怒る。

（目　声　口　胸　気）

2 **次の太字の語句の意味を調べなさい。**

① p.213 ℓ.9 **奇抜**なんを買わんかいな。
〔　　　　　〕
② p.214 ℓ.13 **震いつきたい**ほどにいいのがあった。
〔　　　　　〕
③ p.217 ℓ.9 **ためつすがめつ**、それを見ていた。
〔　　　　　〕
④ p.217 ℓ.12 **何食わぬ顔**をして答えた。
〔　　　　　〕

展開の把握

1 次の空欄に本文中の語句を入れて、内容を整理しなさい。

段落	内容
第一段落（初め〜p.210 ℓ.3）	〔ア　〕という子供と瓢箪との話である。この出来事以来、瓢箪とは縁が切れたが、彼は、今は絵に熱中している。
第二段落（p.210 ℓ.4〜p.212 ℓ.14）	清兵衛は十二歳で小学校に通っている。学校から帰ると、ほかの〔イ　〕とも遊ばず、瓢箪を磨いている。町のほとんどすべての瓢箪は彼に目を〔ウ　〕いただろう。
第三段落（p.212 ℓ.15〜p.214 ℓ.8）	清兵衛の好む瓢箪は割に〔エ　〕恰好をした物ばかりだった。品評会に出ていた〔オ　〕の瓢箪をおもしろくないと清兵衛が言うと、父は目を〔カ　〕怒った。
第四段落（p.214 ℓ.9〜p.217 ℓ.3）	清兵衛はすばらしい瓢箪を見つけ、夢中で手入れをする。〔キ　〕の時間に磨いていたため、教員は怒り、瓢箪を取り上げた。家に来て、「〔ク　〕で取り締まるべきだ」と、母に食ってかかった。父は清兵衛を殴り、瓢箪を全部割った。
第五段落（p.217 ℓ.4〜p.218 ℓ.5）	教員は取り上げた瓢箪を小使いにやった。小使いは金に困り、瓢箪を近所の〔ケ　〕へ持っていった。骨董屋は、五十円で買い取った。小使いはそのことを教員にも清兵衛にも〔コ　〕をしていた。しかし、彼も、骨董屋がその瓢箪を六百円で地方の豪家に売りつけたことは知らなかった。
第六段落（p.218 ℓ.6〜終わり）	清兵衛は今、絵を描くことに熱中している。彼の父はそろそろ絵を描くことにも〔サ　〕を言い出してきた。

2 次の空欄に本文中の語句を入れて、場面設定と登場人物の設定をまとめなさい。 思考力・判断力・表現力

場面設定

町　商業地で〔ア　〕。
割に〔イ　〕土地で、細長い形。

登場人物の設定

清兵衛　〔ウ　〕歳。
〔エ　〕に通っている。
〔オ　〕が好き。
父　〔カ　〕をしている。
教員　〔キ　〕から来ている。
瓢箪に興味を持つのが気に食わない。

主題

●次の空欄に本文中の語句を入れて、全体の主題を整理しなさい。 思考力・判断力・表現力

清兵衛は十二歳の小学生である。彼は〔ア　〕作りに凝っていた。ある日、すばらしい瓢を手に入れる。〔イ　〕の時間に机の下で磨いているのを見つけられ、教員に取り上げられ、家でも父から叱られ、殴られる。その瓢箪は小使いから〔ウ　〕の手を経て、豪家に六百円で売られた。清兵衛はその後、絵を描くことに熱中しているが、父はそれにも〔エ　〕を言い出している。大人の無知や狡知にもめげず、伸びていく少年の才能や、可能性の豊かさを描く。

内容の理解

思考力・判断力・表現力

第一・第二段落（初め～p.212 ℓ.14）

1 **「彼はその口を……しきりに磨いていた。」（二一〇・5～7）から、清兵衛の瓢簞に対するどういう気持ちがわかるか。次から選びなさい。**

ア　自分で瓢簞をこっそり完成させ、周りに突然見せることで自慢してみたい気持ち。

イ　未完成の瓢簞を初めから自分で手をかけて磨き上げ、完成させていこうとする気持ち。

ウ　自分で加工した瓢簞をこっそり隠れて愛玩したいという気持ち。

エ　瓢簞を加工することでつらい現実から逃げたいという気持ち。

〔　　〕

2 **「しばらく気がつかずにいた」（二一二・3）のはなぜか。次から選びなさい。**

ア　瓢簞のことばかり考えてぼうっとしていたから。

イ　爺さんの頭が、あまりにも瓢簞に似ていたから。

ウ　瓢簞のことばかり考えていたので、爺さんの禿頭を瓢簞だと思い込み、その立派さに心を奪われていたから。

エ　学校で何を言われるかに気を取られていたから。

〔　　〕

第三段落（p.212 ℓ.15～p.214 ℓ.8）

3 **「こういうがええんじゃ。」（二一三・10）の「こういう」とはどういうものか。同じページから、二十字以内で抜き出しなさい。**

4 **「馬琴の瓢簞」（二一三・12）について、①「清兵衛の父と客」と②「清兵衛」はそれぞれどう評価しているか。本文中からそれぞれ七字で抜き出しなさい。**

①

②

第三段落（p.212 ℓ.15～p.214 ℓ.8）

5 **「清兵衛は心で笑っていた」（二一四・1）とあるが、その理由を次から選びなさい。**

ア　本当にすばらしい瓢簞は自分が持っている瓢簞コレクションの中にあるから。

イ　大人たちが瓢簞に対する鑑識眼もないのに、品評会に出た瓢簞を無批判に称賛しているから。

ウ　馬琴の瓢簞の本当にすばらしいところを、父親も客も取り違えているから。

エ　以前、爺さんの禿頭を瓢簞と見間違えたことを思い出したから。

〔　　〕

6 **「何じゃ。わかりもせんくせして、黙っとれ！」（二一四・7）とは、どういう考え方から出た言葉か。次から選びなさい。**

ア　子供の清兵衛に瓢簞のよさなどわかるはずがない。

イ　客に対して父親の権威を見せつけたい。

ウ　清兵衛の正しさなど認めるわけにはいかない。

エ　子供が自分から離れていくのが寂しい。

〔　　〕

7 **「清兵衛は黙ってしまった。」（二一四・8）とあるが、このときの清兵衛の気持ちを説明した次の文章の空欄にあてはまる語句を、あとの語群から選んで記号で答えなさい。**

自分の考えを頭ごなしに打ち消して怒り出す、〔　①　〕父に対して、これ以上〔　②　〕という気持ちになっている。

ア　威厳のある　　イ　信心深い　　ウ　わからずや
エ　何を話しても無駄だ　　オ　はしゃいでいてはいけない

①〔　　〕　②〔　　〕

第四段落（p.214 ℓ.9〜p.217 ℓ.3）

8「息をはずませながら」（二一五・1）とあるが、清兵衛が「息をはずませ」たのはなぜか。次から選びなさい。
ア　自分でそれを買うことができることがわかったから。
イ　すばらしい瓢箪を発見したことがうれしかったから。
ウ　婆さんがまけてくれたことがうれしかったから。
エ　これで父親を見返すことができると思ったから。
〔　　〕

9「修身の時間だっただけに教員はいっそう怒った。」（二一五・9）とあるが、なぜ「修身の時間」だと「いっそう怒」るのか。次から選びなさい。▼学習四
ア　教員が算数や国語などより、力を入れて教えているから。
イ　瓢箪に興味を持つことが教員には気に食わなかったから。
ウ　道徳の時間に清兵衛が不道徳なことをしていたから。
エ　修身は他の教科に比べて時間が足りなかったから。
〔　　〕

10「清兵衛は泣けもしなかった。」（二一六・1）とあるが、このときの清兵衛の気持ちはどういうものであったか。次から選びなさい。
ア　驚き・絶望
イ　怒り・不安
ウ　悲しみ・不信
エ　感動・希望
〔　　〕

11「清兵衛の母は泣き出した。」（二一六・11）のはなぜか。次から選びなさい。
ア　教員の言うことに反論できなかった自分を情けなく思ったから。
イ　教員が清兵衛を理解してくれないことが悲しかったから。
ウ　清兵衛が教員に叱られるようなことをしたのを情けなく思ったから。
エ　教員が並んでいる瓢箪を無視したから。
〔　　〕

第四段落（p.214 ℓ.9〜p.217 ℓ.3）

12「清兵衛はただ青くなって黙っていた。」（二一七・3）のはなぜか。次から選びなさい。
ア　父の怒りに圧倒されて声も出せなかったから。
イ　母を悲しませ、父を怒らせたことを後悔したから。
ウ　あまりの悲しみと絶望で声も出せなかったから。
エ　家から出て生活することが不安だったから。
〔　　〕

第五段落（p.217 ℓ.4〜p.218 ℓ.5）

13「冷淡な顔をして」（二一七・9）とあるが、なぜそのような表情をしたのか。次から選びなさい。▼脚問2
ア　ちょっと見ると値打ちのある瓢箪に見えるが、よく見ると傷があるのがわかったから。
イ　瓢箪に値打ちがあることを知っていて、それが表情に出ると、高い金を出さねばならなくなるから。
ウ　瓢箪には値打ちがあることがわかったが、自分は瓢箪に対して興味や関心がないから。
エ　瓢箪の価値がわからない小使いを馬鹿にしていたから。
〔　　〕

全体

14▶新傾向　作品を読んだ生徒たちが話し合いをしている。本文の内容に合致していない発言をしている生徒を次から選びなさい。
生徒A：シンプルな表現で、読みやすい作品だったね。方言や擬態語が多く使われていて、生き生きとした登場人物の様子が伝わったよ。
生徒B：少年が持つすぐれた才能と、それを理解しようとしない大人たちの価値観が対立的に描かれているね。
生徒C：大人たちに全然理解してもらえない清兵衛の悲しさ・無力さが作品全体から強く表れているような気がしたな。
生徒D：作品の冒頭と結末には、新たな興味を見つけたという描写もあるため、暗い、抑圧された雰囲気という印象にはならないよね。
生徒〔　　〕

学習目標　詩の形式に注意しながら、イメージを味わい、作者の心情を読み取る。

こころ・汚れつちまつた悲しみに……・永訣の朝

教科書 p.222～p.230

検印

漢字・語句

知識・技能

1 太字の仮名を漢字に直しなさい。

p.222 ℓ.3	①ももいろに**さ**〔　〕く。
p.223 ℓ.1	②二人の**たび**〔　〕びと。
p.224 ℓ.2	③雪が**ふ**〔　〕る。
p.225 ℓ.3	④**ゆめ**〔　〕を見る。
p.225 ℓ.7	⑤日が**く**〔　〕れる。
p.227 ℓ.4	⑥みぞれが**しず**〔　〕んでくる。
p.227 ℓ.15	⑦**たいよう**〔　〕の光を浴びる。
p.228 ℓ.16	⑧赤い炎が**も**〔　〕える。

2 太字の漢字の読みを記しなさい。

p.222 ℓ.5	①こころは**闇**〔　〕の中。
p.224 ℓ.1	②**汚**〔　〕れを洗う。
p.224 ℓ.4	③風が**吹**〔　〕く。
p.225 ℓ.3	④課題を**怠**〔　〕る。
p.227 ℓ.15	⑤**銀河**〔　〕を見上げる。
p.227 ℓ.15	⑥**気圏**〔　〕とよばれた世界。
p.228 ℓ.4	⑦雪と水の**二相系**〔　〕。
p.228 ℓ.14	⑧とざされた**病室**〔　〕。

3 太字の語句の意味を調べなさい。

p.222 ℓ.4	①うすむらさきの思ひ出ばかりは**せんなくて**。〔　〕
p.225 ℓ.3	②**倦怠**《けだい》のうちに死を夢む（**倦怠**《けんたい》）〔　〕
p.226	③**永訣**の朝〔　〕

作者紹介

萩原朔太郎

医師の長男として前橋市に生まれる。幼少期は神経質で病弱であった。前橋中学時代から短歌を『明星』などに投稿し、与謝野晶子《よさのあきこ》、石川啄木《たくぼく》、北原白秋などの影響を受ける。中学卒業後は五高、六高、慶應大に入学したが、落第、退学を繰り返す。この間、マンドリンを学び西洋音楽に傾倒するが、生涯の目的を見定められず、苦悩する。

一九一三年（大正二）、北原白秋の主宰する文芸雑誌『朱欒《ザンボア》』に詩が掲載され、詩壇に出る。同誌で室生《むろう》犀星《さいせい》の「小景異情」を読み、感動し、以後、生涯にわたる親交を結んだ。

一九一七年（大正六）に刊行された第一詩集『月に吠《ほ》える』は、病的な幻想と孤独な魂の叫びを、自由な口語で表現して注目を集めた。一九二三年（大正一二）には、第二詩集『青猫』によって近代詩の完成者と評価され、詩人としての地位を確立した。

中原中也

幼いころは、軍医だった父の任地を転々と移り住んだ。父の退役によって、山口県に定住する。小学校から成績はよかったが、中学時代に友人と共著の歌集を出版するほど短歌に熱中して落第する。京都の立命館中学に転校し、親の束縛を脱した彼は奔放な生活を送った。ある日、古本屋で高橋新吉《たかはししんきち》の『ダダイスト新吉の詩《うた》』に出会い、ダダイズム（社会的・芸術的伝統を否定し、極端な反理性・反道徳主義を唱えた芸術運動）を知る。そのころから詩を作り始め、ランボーやヴェルレーヌなどのフランス象徴詩の詩人に傾倒してゆく。一九二五年（大正一四）、当時同棲《どうせい》していた女

要点の整理

思考力・判断力・表現力

●次の空欄に詩中の適語を入れて、各詩の大意を整理しなさい。

こころ

人の「〔ア　　〕」を何にたとえようか。それはたとえば、〔イ　　〕の花の色が時につれて変わるように明るいときもあるが、さびしい思い出のほうが多くてつらくなる。人の「こころ」は人眼につかない夕闇の庭園で、かすかな音を響かせて水沫をあげる〔ウ　　〕のように高まって、一つになって悲しみを共有することもあるが、それも長く続かない。こういう、人の「こころ」を何にたとえたらいいのだろうか。「こころ」は二人が仲よくいっしょに〔エ　　〕ようなものだ。しかし、その道連れがずっと黙って話してくれないので、私のこころはいつも〔オ　　〕のだ。

汚れつちまつた悲しみに……

〔カ　　〕っちまった私の悲しみを凍らすかのように、今日も〔キ　　〕が降り、そして寒々とした風が吹いてゆく。私の汚れっちまった悲しみは、まるで高価な狐《きつね》の革裘《かわごろも》が濡れ汚れて縮こまったような悲しみで、私の心も縮こまっている。私には望みがなく、願いすらなく、疲れてけだるい状態の中で〔ク　　〕すら夢みている。しかし、何もできずに弱々しくびくびく何かに〔ケ　　〕づき、どうするすべも気力もなく、今日もまた日が〔コ　　〕てしまうのだ。

永訣の朝

今日中に妹は〔サ　　〕としている。妹が「わたくし」に「あめゆき」を取ってきてくださいと頼んだ。「わたくし」は二つのかけた〔シ　　〕に「あめゆき」を取ろうとして表に飛び出した。「わたくし」は妹が、この地上世界でさまざまに悩んで苦しんでいる兄のこれからの一生を思い、兄の未来を〔ス　　〕させるために頼んだのだと理解して、自分はまっすぐに正しく生きて行くから心配するなと心で誓う。「わたくし」はこの二椀の雪が、妹に幸せをもたらすと同時に、〔セ　　〕の食べ物に変わり、将来地上に戻ってきてから人々を〔ソ　　〕にする食べ物となることを願って、妹に届けることにしよう。

優長谷川泰子《はせがわやすこ》と上京し、小林秀雄《こばやしひでお》や永井龍男《ながいたつお》らを知る。泰子が中也を離れ、小林秀雄の元に走ったころから、ダダ的傾向は薄らぐ。
　一九二九年（昭和四）、大岡昇平《おおおかしょうへい》や河上徹太郎《かわかみてつたろう》らと同人誌『白痴群《はくちぐん》』を創刊。一九三三年（昭和八）、上《うえ》野孝子《のたかこ》と結婚。翌年、第一詩集『山羊《やぎ》の歌』を刊行し、ようやく詩人として知られるようになる。一九三六年（昭和一一）、長男文也《ふみや》を失った衝撃から神経衰弱に陥り、翌年入院するが心身の衰弱は回復せず、結核のため三十歳で死去。

宮沢賢治

　生家は、質屋兼古着商。一九二〇年（大正九）、盛岡高等農林学校研究生修了。翌年、無断上京。国柱会《こくちゅうかい》の活動に熱中するが、妹トシの結核が再発し、花巻に帰郷。稗貫《ひえぬき》農学校の教師となる。一九二二年（大正一一）十一月、トシ死去。激しい衝撃を受ける。一九二三年（大正一二）七月、教え子の就職依頼のため、青森、北海道、樺太《からふと》に旅行するが、この旅は、トシの魂に出会うためのものでもあった。一九二四年（大正一三）、四月に心象スケッチ『春と修羅』を、十二月に童話『注文の多い料理店』を自費出版。中原中也、草野心平らから注目されるが、出版社等からはほとんど黙殺される。一九二六年（大正一五）、花巻農学校を辞職し、独居生活に入る。羅須地人《らすちじん》協会を設立し、農業改良運動に奔走する。一九二八年（昭和三）、過労で倒れ入院。一九三一年（昭和六）、やや回復し、東北砕石工場技師となる。九月、出張先の東京で倒れ、死を覚悟し遺書を書く。花巻に帰郷、以後病床で肥料設計を継続する。一九三三年（昭和八）九月、急性肺炎のため死去。享年三十七歳。

内容の理解

思考力・判断力・表現力

【こころ】

1「こころをばなににたとへん」(三二・1)とあるが、詩中から「こころ」をたとえているものを、すべて抜き出しなさい。 ▼学習一

［　　　　］

2「ももいろに咲く日」(三二・3)とは、人生におけるどのような日か。簡潔に答えなさい。

［　　　　］

3「うすむらさきの思ひ出」(三二・4)とは、どのような思い出か。十字以内で答えなさい。(句読点は含まない)

［　　　　］

4第二連の「音なき音」をたてる「ふきあげ」にたとえられた「こころ」の状態は、どういうものか。次から選びなさい。

ア 悲しみでひっそりと静まりかえっている状態。
イ 旅先で感動がとめどなくわき上がっている状態。
ウ 苦痛と快楽が交互に出現している状態。
エ 気持ちがひそやかながらも燃え上がっている状態。　［　　］

5第一連、第二連はそれぞれ「こころ」をたとえる際に、どんな感覚に訴えているか。簡潔に説明しなさい。

［　　　　］

6「わがこころはいつもかくさびしきなり。」(三三・3)とは、どのような「さびしさ」か。次から選びなさい。 ▼学習二

ア 自分のこころに、自分でもわからない部分のあるさびしさ。
イ 自分の思いが、誰にも受け入れられないさびしさ。
ウ 自分のこころが、他人とは全く違うというさびしさ。
エ 自分の気持ちが、恋人と離れてしまったさびしさ。　［　　］

【汚れつちまつた悲しみに……】

1次の文は、この詩の特徴を説明したものである。空欄に適当な語句を入れなさい。

この詩は、基本的に、［　①　］調のリズムで統一されている。また、言葉を［　②　］ことで、リズム感を出している。

①［　　］　②［　　］

2「汚れつちまつた悲しみ」が長期間続いていることがわかる一文節を、詩中から抜き出しなさい。

［　　　　］

3「たとへば狐の革裘」(三四・6)の「革裘」とは、どういうものを表現した語か。次から選びなさい。

ア 自分には誰もが認める優れた才能があるのだと信じて、他者を見下す心。
イ 夢や希望があり、他者を信じることができたころの自分の純粋な心。
ウ 理想を追い求めた生き方が、厳しい現実によって挫折したことを悔いる心。
エ 心身ともにぼろぼろになり、死を間近にして自暴自棄になった心。　［　　］

4「死を夢む」(三五・3)のはどうしてか。次から選びなさい。

ア 死が避けられないものならば、死を意識できる今の状態の中で死にたいものだと思われたから。
イ 心身ともに疲れ切った今の自分に残された道は、ただ安らかな死を待つだけだと思われたから。
ウ 夢を壊され、魂の抜かれた状態から抜け出すには死しかないと思いながら、それすら自ら選ぶことができないから。
エ 人間にはそれぞれの生き方があり、死ぬことを夢見る自分のような者がいてもおかしくないから。　［　　］

5「なすところもなく日は暮れる……」（三五・7）の「……」にはどういう思いがこめられているか。次から選びなさい。

ア　今日よりも、来たる明日に希望を託したいという思い。
イ　夜になっても行くあてがなく、途方に暮れる思い。
ウ　なすすべもなく、時間だけが過ぎることを焦る思い。
エ　日が暮れることで、悲しみが次第に癒やされる思い。

〔　　〕

【永訣の朝】

1「とほくへいつてしまふ」（三六・2）とは、どうなることか。簡潔に説明しなさい。

〔　　〕

2「まがつたてつぱうだま」（三六・11）とは、どういうことを表しているのか。次から選びなさい。

ア　妹の死を思って混乱しながら、妹の最後の願いを一刻も早くかなえてやりたいと勢いよく飛び出すこと。
イ　悲しみのあまり妹の死という現実を見つめることができずに、逃げ出したいと思っていること。
ウ　妹の運命を冷静に受け止め、最後にできるかぎりのことをしてやろうと思っていること。
エ　妹の死を恐れるあまり、どこにかけ出していくのか自分でもわからないこと。

〔　　〕

3「くらいみぞれ」（三七・1）と対照的なものは何か。詩中から六字で抜き出しなさい。

4「沈んでくる」（三七・4）とは、どういうことを表しているか。詩中から五字で抜き出しなさい。

5「わたくしもまつすぐにすすんでいくから」（三七・11）について、次の問いに答えなさい。

(1)「まつすぐにすすんでいくから」とは、どのような心情を表しているか。次から選びなさい。

ア　出てきたときとは違って、今度はまっすぐ帰るから心配しないでほしいという心情。
イ　これからもまっすぐに正しく生きていくから心配しないでほしいという心情。
ウ　もう親を困らせるようなことはしないで、家業を継ぐから気にしないでほしいという心情。
エ　まっすぐ自分の信念のままに進んでいくからもうかまわないでほしいという心情。

〔　　〕

(2)「わたくしもまつすぐにすすんでいく」という決意は何を願う心情に変化したか。詩中から四十字程度の部分を抜き出し、初めの六字を答えなさい。

6「やさしくあをじろく燃えてゐる」（三八・16）のは何か。簡潔に説明しなさい。

〔　　〕

学習目標 仕事に向き合う態度と友人への思いがどのように変化するかを捉え、主人公にとっての「卒業」の意味を考える。

卒業（魚住直子）

教科書p.232～p.246

検印

漢字

知識・技能

1 太字の仮名を漢字に直しなさい。

① p.232 上ℓ5 **きゅうきゅう**〔　　〕車を呼ぶ。
② p.232 上ℓ9 他と**ひかく**〔　　〕する。
③ p.233 上ℓ6 **けいたい**〔　　〕電話にかける。
④ p.234 上ℓ5 **よけい**〔　　〕なことを言う。
⑤ p.235 上ℓ8 **けいほう**〔　　〕が鳴る。
⑥ p.235 上ℓ11 近隣の**しょうぼうしょ**〔　　〕。
⑦ p.235 下ℓ7 **ふんいき**〔　　〕が違う。
⑧ p.236 上ℓ10 **えんしょう**〔　　〕の危険はない。
⑨ p.236 下ℓ9 **もうれつ**〔　　〕な圧力がかかる。
⑩ p.238 上ℓ1 **きゅうだい**〔　　〕点をもらう。
⑪ p.238 下ℓ11 **そうさ**〔　　〕盤の取り扱い。
⑫ p.239 下ℓ2 頭の**すみ**〔　　〕に浮かぶ。
⑬ p.241 上ℓ5 **うる**〔　　〕んだ目で見上げる。
⑭ p.241 下ℓ5 **るす**〔　　〕番をする。
⑮ p.242 上ℓ13 **あいさつ**〔　　〕をする。
⑯ p.243 上ℓ9 **めいわく**〔　　〕をかける。
⑰ p.244 上ℓ15 **ていねい**〔　　〕なお辞儀。

2 太字の漢字の読みを記しなさい。

① p.232 上ℓ8 **新興**〔　　〕住宅地に住む。
② p.233 上ℓ9 **懐**〔　　〕かしさが込み上げる。
③ p.234 下ℓ7 友達を**伴**〔　　〕って行く。
④ p.234 下ℓ9 点火した**途端**〔　　〕爆発した。
⑤ p.235 上ℓ3 **悪気**〔　　〕はない。
⑥ p.235 上ℓ7 高い**天井**〔　　〕を眺める。
⑦ p.235 上ℓ15 素早く靴を**履**〔　　〕く。
⑧ p.235 下ℓ3 **慌**〔　　〕てて直す。
⑨ p.236 上ℓ1 梯子《はしご》を**担**〔　　〕ぐ。
⑩ p.238 上ℓ13 **交替**〔　　〕で勤務する。
⑪ p.238 下ℓ10 何度も**繰**〔　　〕り返す。
⑫ p.240 下ℓ10 前回の**雪辱**〔　　〕戦。
⑬ p.241 上ℓ9 箱を**抱**〔　　〕える。
⑭ p.243 上ℓ13 厳しい**口調**〔　　〕になる。
⑮ p.243 下ℓ4 吸い**殻**〔　　〕が山になる。
⑯ p.243 下ℓ4 **火種**〔　　〕が残る。
⑰ p.244 上ℓ3 **息子**〔　　〕に言う。

語句

知識・技能

1 次の太字の語句の意味を調べなさい。

① p.240 上ℓ15 **野次馬**の中にエプロンをつけた女性がいる。
〔　　〕

② p.240 下ℓ10 前回の**雪辱**戦にはまだ早い。
〔　　〕

2 次の空欄にあとの語群から適語を選んで入れなさい。

① p.233 下ℓ10 びっくりして〔　　〕をのんだ。
② p.234 下ℓ7 〔　　〕からずっと離れない。
③ p.234 下ℓ14 ひと〔　　〕かけてくれたらうれしかった。
④ p.235 上ℓ7 〔　　〕返りを打つ。

（　頭　息　声　寝　）

3 次の語句を使って短文を作りなさい。

① p.235 下ℓ15 我に返る
〔　　〕

② p.236 下ℓ7 取り返しがつかない
〔　　〕

② p.237 下ℓ7 返す言葉がない
〔　　〕

展開の把握

1 次の空欄に本文中の語句を入れて、内容を整理しなさい。

第一段落（初め～p.234 下 ℓ.3）	第二段落（p.234 下 ℓ.5～p.239 下 ℓ.13）	第三段落（p.240 上 ℓ.2～p.244 下 ℓ.7）	第四段落（p.244 下 ℓ.9～終わり）
起	承	転	結
高校卒業後もずっと三人は〔ア　　〕だと思っている寿々は、休みの日は三人で〔イ　　〕。仕事が忙しくてやっと〔ウ　　〕できたとき、えりと友香が〔エ　　〕女友達と温泉に行ったのを知ってショックを受ける。	仮眠室でも二人のことが頭から離れない寿々は、〔オ　　〕現場で満足に仕事ができなかった。「おまえは〔カ　　〕に出たんだ。〔キ　　〕じゃないんだ。」と、中隊長から厳しく注意され、頭を下げるしかなかった寿々は、訓練に加えて自宅で〔ク　　〕を始めた。	二度目の火災現場で、一線から〔ケ　　〕と思って悔しかった寿々は、〔コ　　〕を助ける。署に戻った寿々は、消防署の〔サ　　〕を着た女性から食事に誘われる。二日後、火事を起こした一戸建ての主婦と小さな男の子から子犬を助けたお礼を言われた寿々は〔シ　　〕して目が熱くなった。	帰宅して友香からの電話を受けた寿々は、ここ数日、友香やえりのことを一度も思い出さなかったことを〔ス　　〕に思う。自分のやるべきことを必死でやっているだけなのに、「すずは〔セ　　〕どんどん〔ソ　　〕になっていくね。」と言われ、やっと〔タ　　〕に立てた気がした。

2 次の空欄に本文中の語句を入れて、場面設定と登場人物の設定をまとめなさい。 思考力・判断力・表現力

場面設定

場所　高校卒業後、働いている〔ア　　〕。

時間　消防署に配属されてから〔イ　　〕たったころ。

登場人物の設定

寿々　高校卒業後、〔ウ　　〕として働く。

友香　高校時代の友達。〔エ　　〕生。

えり　高校時代の友達。〔オ　　〕生。

中隊長　消防署の上司。

主題

思考力・判断力・表現力

●次の空欄に本文中の語句を入れて、全体の主題を整理しなさい。

高校卒業後も三人はずっと友達だよと〔ア　　〕した寿々は、〔イ　　〕になってからも友香やえりのことが頭から〔ウ　　〕。最初の現場で思うように仕事ができず、中隊長から厳しく注意され、〔エ　　〕に加えて自主トレを始める。二度目の現場で寿々は子犬を助ける。署に戻って制服の女性から〔オ　　〕に誘われたり、火事を起こした家の主婦と小さな男の子から助けた子犬の〔カ　　〕を言われたりという体験を通じて、少しずつ大人になっていく寿々の姿を描く。

内容の理解

思考力・判断力・表現力

第一段落（初め〜p.234 下 ℓ.3）

1 **「思わず仕事のことを思い出し寿々は頭を振った」（二三三・上10）とあるが、その理由を次から選びなさい。**

ア　救急車の音に即座に反応し、仕事のことが気になり始めた自分の気持ちを落ち着かせたかったから。
イ　休日も仕事のことが頭から離れず、仕事と休日の切りかえがうまくできない自分を否定したかったから。
ウ　自分の仕事が原因で、三人の友情が壊れてしまうのではないかと危機感を感じたから。
エ　仕事が嫌いなわけではないが、休みの日ぐらいは仕事から解放されたかったから。

〔　　〕

2 **「一瞬で高校時代に戻った気がする。」（二三三・上10）とあるが、三人の高校時代の様子を具体的に描いている部分を三十字以内で抜き出しなさい。**

3 **「寿々はびっくりして息をのんだ。」（二三三・下10）とあるが、寿々の驚きの原因は何か。次から選びなさい。**

ア　友香がえりと連絡を取り合っていること。
イ　友香が先週日帰りで温泉に行ってきたこと。
ウ　友香がえりの女友達といっしょに行動したこと。
エ　友香が寿々の気持ちに気づかなかったこと。

〔　　〕

第二段落（p.234 下 ℓ.5〜p.239 下 ℓ.13）

4 **「またそのことで頭がいっぱいになってしまう」（二三四・下9）について、次の問いに答えなさい。**

(1)　**「そのこと」の内容を本文中から三十字以内で抜き出しなさい。**

(2)　**「頭がいっぱいになってしまう」理由を次から選びなさい。**

ア　三人の関係が変化していくことを強く危惧したから。
イ　三人のことばかり考える自分がみじめだったから。
ウ　自分を誘わなかった二人に強い不信感を抱いたから。
エ　一人になった仮眠室がひどく寂しい雰囲気だったから。

〔　　〕

5 **「先輩に呼ばれて我に返る。」（二三五・下15）とは、どういう状態から我に返ったのか。次から選びなさい。**

ア　訓練と実際の火災現場との違いに緊張している状態。
イ　訓練どおりすればいいと自分に言い聞かせている状態。
ウ　現場で何をしていいのかわからず、まごついている状態。
エ　友香やえりのことが頭から離れず、仕事に集中できない状態。

〔　　〕

6 **「寿々の手が震えた。」（二三六・下5）とあるが、なぜか。その理由を次から選びなさい。**

ア　思うように動けないのがもどかしかったから。
イ　訓練とは違う実際の火に恐怖を感じたから。
ウ　実際の火災現場での初体験に緊張したから。
エ　失敗は許されないことに責任を感じたから。

〔　　〕

第二段落（p.234 下 ℓ.5〜p.239 下 ℓ.13）

7 「及第点は当然もらえていると思い込んでいた。」（二三八・上1）とあるが、このことを寿々は後でどう反省しているか。本文中から二十五字以内で抜き出しなさい。

8 「転がるように駆け続けた」（二三九・下13）とあるが、このときの寿々の心情を次から選びなさい。 ▼傍問2

ア　携帯を見るたび頭の隅に浮かぶ二人のことを完全に忘れようとする強い思い。

イ　思い出しては落ち込みそうになる温泉の話を何としても忘れようとする懸命な思い。

ウ　一本の記憶の綱のように次々と思い出される楽しかった高校時代に決別しようとする悲壮な思い。

エ　現場での失敗を教訓に今自分がやるべきことに全力を傾注しようとする必死な思い。

〔　　〕

第三段落（p.240 上 ℓ.2〜p.244 下 ℓ.7）

9 「思わずため息が出た」（二四二・上2）とあるが、この理由として適当なものを次から選びなさい。

ア　今回の現場では、子犬を助けた自分の判断が先輩の誰からも評価されなくて物足りなさを覚えたから。

イ　今回の現場では、それほど必要のない延焼の見張りを命じられ一線から外されたことが不満だったから。

ウ　今回の現場でも、自分自身何もできていなかったことを痛感し、目標までの遠さに気が重くなったから。

エ　今回の現場でも、中隊長に命令されたとおりのことしかできなかった自分を不甲斐《ふがい》ないと感じたから。

〔　　〕

第三段落（p.240 上 ℓ.2〜p.244 下 ℓ.7）

10 「もっと頑張れよ。」（二四四・下7）という言葉にこめられた中隊長の思いを次から選びなさい。

ア　犬を助けたぐらいのことでいい気になっていてはいけないと戒める気持ち。

イ　少しずつだが寿々が着実に成長していることを認め、励ます気持ち。

ウ　部下を早く一人前の消防士に育てたいと叱咤《しった》激励する気持ち。

エ　目立たない場面でも大事な仕事をしてくれたことを慰労する気持ち。

〔　　〕

第四段落（p.244 下 ℓ.9〜終わり）

11 「やっと出口に立てた気がする。」（二四五・下7）とあるが、「出口」とは具体的に何か。十字以内で説明しなさい。 ▼学習三

学習目標 作品中の表現に注意しながら、「私」が幹生の目が見つめていたものに気づくまでの心情の変化を把握する。

ひよこの眼（山田詠美）

教科書p.248～p.263

検印

漢字 知識・技能

1 太字の仮名を漢字に直しなさい。

① p.248 上l.1 **なつ**【　】かしい気持ち。
② 上l.6 山に**きり**【　】が出る。
③ 上l.7 布を**しめ**【　】らせる。
④ 上l.9 **きょうだん**【　】に立つ。
⑤ 上l.11 **ないしょ**【　】話をする。
⑥ p.249 上l.13 **ちょうぜん**【　】とした態度。
⑦ 上l.14 家庭的な**ふんいき**【　】。
⑧ p.252 上l.5 悪い**じょうだん**【　】を言う。
⑨ p.254 下l.6 突然のことに**あわ**【　】てる。
⑩ p.255 上l.4 女子たちが**さわ**【　】ぐ。
⑪ p.256 上l.13 のんきな幸せを**さず**【　】ける。
⑫ p.258 上l.3 **ふる**【　】える声で告白する。
⑬ p.259 上l.1 **は**【　】く息が白い。
⑭ 上l.16 手を**にぎ**【　】る。
⑮ p.260 上l.3 手の**かんしょく**【　】。
⑯ p.262 下l.4 **れいぎ**【　】正しい。
⑰ 下l.12 **しょうどう**【　】に駆られる。

2 太字の漢字の読みを記しなさい。

① p.248 上l.7 空を**覆**【　】う雲。
② p.250 上l.2 事故に**遭遇**【　】する。
③ 下l.11 涙の**膜**【　】が張る。
④ p.252 上l.2 候補を**募**【　】る。
⑤ p.255 上l.6 **一瞬**【　】の出来事。
⑥ 上l.6 **唇**【　】をかむ。
⑦ p.258 上l.10 彼を**不愉快**【　】にする。
⑧ 下l.16 **寂**【　】しい夜。
⑨ p.259 下l.6 夕食の**支度**【　】。
⑩ p.260 上l.3 **毒**【　】が全身に回る。
⑪ 上l.7 うさぎを**飼**【　】う。
⑫ 上l.8 大声で**訴**【　】える。
⑬ 下l.4 息が**詰**【　】まる。
⑭ p.261 上l.7 力を振り**絞**【　】る。
⑮ 上l.15 二階に**駆**【　】け上がる。
⑯ 下l.11 **幻影**【　】を見る。
⑰ p.262 下l.10 街の**雑踏**【　】。

語句 知識・技能

1 次の太字の語句の意味を調べなさい。

① p.249 上l.9 **怪訝**《けげん》な表情で教師を見た。
【　】
② p.250 上l.16 ふがいなさに**歯がみをする**。
【　】
③ p.253 下l.8 初めてのことで**どぎまぎした**。
【　】
④ p.256 下l.11 友人として振る舞うしか**術**《すべ》**を持たない**。
【　】
⑤ p.261 上l.8 人生を**諦観する**。
【　】

2 次の空欄にあとの語群から適語を選んで入れなさい。

① p.248 上l.3 端を【　】。
② p.253 上l.9 あっけに【　】。
③ p.255 下l.13 影を【　】。
④ p.256 下l.10 気が【　】。
⑤ 下l.15 不意を【　】。

（　潜める　発する　置けない　つかれる　取られる　）

展開の把握

1 次の空欄に本文中の語句を入れて、内容を整理しなさい。

第一段落（初め～p.250上ℓ.7）	第二段落（p.250上ℓ.8～p.251下ℓ.16）	第三段落（p.251下ℓ.17～p.253下ℓ.6）	第四段落（p.253下ℓ.7～p.255下ℓ.4）	第五段落（p.255下ℓ.5～p.259下ℓ.5）	第六段落（p.259下ℓ.6～終わり）
相沢幹生の目を初めて見たとき、私はなぜか〔ア　〕気持ちに包まれた。しかし、それがどのような記憶から〔イ　〕を発しているのかは思い出せなかった。	幹生の瞳は、実在しない何かを見つめているようで、うっすらと涙の〔ウ　〕が張っている。懐かしい記憶を探るために彼を盗み見る私の様子は、クラス中で〔エ　〕の噂として広まる。	幹生と私は、学園祭の実行委員に選出される。幹生は初めて私に〔オ　〕、男子生徒がはやし立てる中、クラスの生徒たちを後に二人いっしょに帰ることになる。	幹生は、私と必要以上に親しくなることを〔カ　〕しているように見えた。とてつもなく大きい何かに心を〔キ　〕身の上を想像し、私はため息をつく。	私は、恋というものを〔ク　〕していた。夕暮れの公園で二人は肩を寄せ合う。彼は私の手を握り、自分のジャケットのポケットに押し込む。私は〔ケ　〕だった。	幹生の瞳に出会ったとき、私の〔コ　〕を疼かせたのは、自分の死を予期しているかのように澄んでいた〔サ　〕の目だったことに私は気づく。その二、三日後に担任教師の口から、幹生の死が伝えられる。

2 次の空欄に本文中の語句を入れて、場面設定と登場人物の設定をまとめなさい。 思考力・判断力・表現力

場面設定

教室　相沢幹生が紹介される。
〔ア　〕までの時間は短い。

登場人物の設定

私　中学〔イ　〕生。
相沢幹生の目を見たとき〔ウ　〕に包まれた。

相沢幹生　同じ年齢にしては、妙に〔エ　〕とした雰囲気。
季節外れの〔オ　〕。

主題

●次の空欄に本文中の語句を入れて、全体の主題を整理しなさい。 思考力・判断力・表現力

私は幹生の目を初めて見たとき感じた懐かしさが、どのような記憶に端を〔ア　〕いるのか思い出せないまま、恋し始める。夕暮れの公園で肩を寄せ合い、彼は私の手を〔イ　〕、自分のポケットに押し込む。家に帰ってから、幹生の瞳に出会ったときに〔ウ　〕を疼かせたのは、自分の死を〔エ　〕していたようなひよこの目だったことに気づく。私の感情の変化と、死を避けがたいものと捉える私の運命観を描く。

内容の理解

思考力・判断力・表現力

第一段落（初め〜p.250上ℓ.7）

1 「懐かしい気持ち」（二四八・上1）とほぼ同義に用いられている言葉を本文中から抜き出しなさい。

［　　　　］

2 「全く動じない様子」（二四八・下1）とあるが、何に「全く動じない様子」なのか。本文中から抜き出し、初めと終わりの五字で答えなさい。（句読点を含む）

□□□□□ 〜 □□□□□

3 「私たちは、一斉に吹き出した。」（二四九・上12）のはなぜか。該当する一文を本文中より抜き出し、初めの五字で答えなさい。

□□□□□

4 「そんな思い」（二五〇・上3）とあるが、どういうものか。次から選びなさい。

ア　懐かしい感情。
イ　もどかしい思い。
ウ　幹生に対するほのかな恋心。
エ　いらだつ思い。

［　　］

第二段落

5 「ほとんど一日中幹生を盗み見るようになった」（二五〇・上10）のはなぜか。次から選びなさい。

ア　幹生の美しい澄んだ瞳に自分の心が引かれ、いつも見ていたかったから。
イ　級友たちがなぜ幹生に対して好奇心を持つのかを知りたかったから。
ウ　幹生の瞳に懐かしさを感じる理由がわからないもどかしさを取り去りたかったから。
エ　幹生にしか見えないものに興味を持ち、自分も見たかったから。

［　　］

第二段落（p.250 上 ℓ.8〜p.251 下 ℓ.16）

6 「不本意な噂」（二五一・上15）について、どういう噂であるかを簡潔に説明しなさい。

［　　　　］

7 「舌打ちをしたい気分」（二五一・下14）とは、どういう気持ちか。次から選びなさい。

ア　自分の意思に反して級友に誤解されたことを悲しむ気持ち。
イ　級友たちに対しての自分の手ぬかりを残念がる気持ち。
ウ　自分が内心考えていた企てがばれたような悔しい気持ち。
エ　自分の真意を幹生にわかってもらえない腹立たしい気持ち。

［　　］

8 「私の気持ち」（二五三・上7）とは、具体的にはどのような気持ちか。説明しなさい。

［　　　　］

9 「私は、うつむいて、涙をこらえていた」（二五三・上16）とあるが、どのような気持ちであったか。次から選びなさい。

ア　面倒なことの多い学園祭の実行委員を押しつけられることを悔しく思う気持ち。
イ　自分をかばってくれる級友がクラスの中に一人もいないことを寂しく思う気持ち。
ウ　まわりの妨害のために自分の恋がうまくいかないことを悲しく思う気持ち。

第三段落（p.251 下 ℓ.17〜p.253 下 ℓ.6）

エ　自分の本心をまわりの人に理解してもらえないことを情けなく思う気持ち。　〔　　〕

第三段落（p.251 下 ℓ.17〜p.253 下 ℓ.6）

10 **「私と仲のよい数人」が「憮然とした表情」**（二五三・上3）**をしていたのはなぜか。次から選びなさい。**

ア　クラス委員がよかれと思ってした提案がかえって悪い結果を生んでしまったから。

イ　幹生と男子生徒が自分たちが知らないうちに示し合わせていたことがわかったから。

ウ　クラスの生徒が亜紀の気持ちをおもしろ半分に扱っているのが許せなかったから。

エ　クラスの中で女子よりも男子の意見が優先されることが腹立たしかったから。　〔　　〕

11 **「どうにでもなれという気分だった。」**（二五三・下2）**とは、どのようになってもかまわないということか。次から選びなさい。**

ア　幹生と実行委員になってもかまわない。

イ　幹生に誘われていっしょに帰ってもかまわない。

ウ　幹生に好きだと言われてもかまわない。

エ　幹生との噂が決定的なものになってもかまわない。　〔　　〕

第四段落（p.253 下 ℓ.7〜p.255 下 ℓ.4）

12 **「ずっと心の中に棲んでいる疑問」**（二五四・上12）**とは、どういう疑問か。解答欄に合う形で三十字以内で答えなさい。**

という疑問。

第五段落（p.255 下 ℓ.5〜 p.259下 ℓ.5）

13 **「そんな自分を許していた」**（二五六・下4）**とあるが、「そんな自分」とはどのような自分か。次から選びなさい。**

ア　初めての恋のため、まわりが見えなくなっている自分。

イ　彼に自分を幸せにしてほしいと願っている自分。

ウ　自分の幸せのためにも彼に幸せでいてほしいと願う自分。

エ　すぐに彼の瞳のことを忘れてしまった自分。　〔　　〕

14 **「そこに、私を入れることはなかった」**（二五六・下9）**の「そこ」とは何か。本文中から抜き出しなさい。**

〔　　〕

15 **「気の置けない友人」**（二五六・下10）**の「気の置けない」とは、どのような意味か。次から選びなさい。**

ア　遠慮する必要がなく、うちとけられること。

イ　相手のためにいろいろ気配りをすること。

ウ　心を許すことができず、気が抜けないこと。

エ　表面的なつき合いで、息が詰まること。　〔　　〕

第六段落（p.259 下 ℓ.6〜終わり）

16 **「ひよこの目に出会う」**（二六二・下9）**の「ひよこの目」とは、どのような目か。説明しなさい。**

〔　　〕

学習目標 登場人物の行動や心理を読み取り、戦争体験の意味づけについて考える。

血であがなったもの（大田昌秀）

教科書 p.266～p.284

検印

漢字

1 太字の仮名を漢字に直しなさい。

p.268 上l.15 ①立派な**さいご**（　　）。
p.268 下l.4 ②打ち**くだ**（　　）かれた岩。
p.268 下l.7 ③**たがや**（　　）された畑。
p.269 上l.7 ④**しょうしゅう**（　　）がある。
p.269 下l.3 ⑤**のうり**（　　）に浮かぶ。
p.270 上l.5 ⑥**いふう**（　　）に瞠目する。
p.270 上l.12 ⑦**あわ**（　　）れな変装。
p.270 下l.15 ⑧**せんぼう**（　　）を感じる。
p.271 上l.2 ⑨言い知れぬ**かんがい**（　　）。
p.271 下l.9 ⑩**こうふん**（　　）を覚える。
p.274 上l.9 ⑪生きたい**しょうどう**（　　）。
p.274 下l.16 ⑫米と**こうかん**（　　）する。
p.275 下l.1 ⑬岩間に**ひそ**（　　）む。
p.276 下l.10 ⑭**ようしゃ**（　　）ない攻撃。
p.278 下l.9 ⑮**しょうそう**（　　）を感じる。
p.280 下l.13 ⑯**じゅうなん**（　　）な身体。
p.282 下l.2 ⑰**ぎせい**（　　）を出す。

2 太字の漢字の読みを記しなさい。 知識・技能

p.268 上l.3 ①**雑木**（　　）の林を抜ける。
p.268 下l.11 ②**紛**（　　）れもない実感。
p.268 下l.15 ③洞窟の**天井**（　　）。
p.269 上l.3 ④**逐一**（　　）報告する。
p.269 上l.11 ⑤**慌**（　　）ただしく消えた。
p.269 下l.7 ⑥**憩**（　　）いの場。
p.269 下l.10 ⑦**呪**（　　）わしく思う。
p.269 下l.11 ⑧自在に**操作**（　　）される。
p.270 上l.11 ⑨堂々たる**風采**（　　）。
p.272 上l.3 ⑩**屈強**（　　）な漁夫。
p.273 上l.4 ⑪地下**足袋**（　　）。
p.276 下l.13 ⑫**断末魔**（　　）の叫び。
p.279 上l.2 ⑬身を**委**（　　）ねる。
p.279 上l.4 ⑭**諦念**（　　）に引き戻す。
p.282 上l.11 ⑮教育で**培**（　　）われる。
p.283 上l.10 ⑯国体の**擁護**（　　）。
p.283 下l.10 ⑰**感銘**（　　）を与える。

語句

1 次の太字の語句の意味を調べなさい。 知識・技能

p.270 下l.11 ①彼は最近**羽振りがよい**。
p.276 下l.13 ②**断末魔**の叫び。
p.282 上l.9 ③悔しくて**地団駄を踏む**。

2 次の空欄に適語を入れて四字熟語を完成させなさい。

p.270 上l.10 ①□□堂々（　　）（　　）
p.272 下l.12 ②□往左□（　　）（　　）
p.274 上l.9 ③□我□中（　　）（　　）
p.276 下l.1 ④自□□棄（　　）（　　）

3 次の語句を使って短文を作りなさい。

p.270 下l.17 ①尾を引く
p.272 下l.4 ②功を奏する

〔破局〕

展開の把握

1 次の空欄に本文中の語句を入れて、内容を整理しなさい。

第一段落（初め〜p.271 下 ℓ.12）	第二段落（p.271 下 ℓ.13〜 p.272 下 ℓ.17）	第三段落（p.273 上 ℓ.1〜 p.275 上 ℓ.9）	第四段落（p.275 上 ℓ.10〜終わり）
敗戦の予感	国頭への脱出	裸足での脱出	摩文仁海岸から海中へ
軍司令部の壕の中は〔ア　　〕だった。嘔吐《おうと》を催す膿臭《のうしゅう》と〔イ　　〕の匂い。私は全身で〔ウ　　〕を実感した。ようやく探し当てた増永隊長の返答は「解散」の命令で、私は「死」そのものを求める〔エ　　〕さえ禁じられ、呪わしく思った。壕の奥に入ると、黒い着物に着替えた参謀たちの姿に〔オ　　〕とした。壕の入り口に向かうところで若い大尉から形見の品を預けられたが、彼の人生に対する〔カ　　〕の情を感じつつも、捨て鉢な気持ちに胸を締めつけられた。	情報部の壕に戻ると解散命令を受けた学友や敗残兵で大騒ぎであった。日本本土への〔キ　　〕を試みる顔なじみの人もいた。陸、海、空の米軍の〔ク　　〕で最悪の事態が近づいてきた。私は仲間と三名で国頭へ行くことに決めた。	海岸への〔ケ　　〕を試みたが、地下足袋を盗まれてはだしの足裏には激痛が走った。〔コ　　〕を受けた負傷者を目撃すると、自分も駄目だという諦めが先に立った。しかし、生への〔サ　　〕は、這って行けとせき立て、生きたいという衝動に駆られた。	海岸に着いたが、海には無数の〔シ　　〕、陸からはM四戦車が迫ってきた。海岸線に集中攻撃がかけられ、人々は魅入られたように沖へ泳ぎだした。私も海へ入ったが、手足の〔ス　　〕を消失し、意識も失ってしまった。

2 次の空欄に本文中の語句を入れて、場面設定と登場人物の設定をまとめなさい。 思考力・判断力・表現力

場面設定

日時　昭和二十年六月十九日の〔ア　　〕。

場所　〔イ　　〕の壕を出て〔ウ　　〕へ向かう。

→海岸で敵の攻撃を受ける。

登場人物の設定

私　敵の攻撃の中、海岸へ脱出する。

増永隊長　隊の〔エ　　〕を命ずる。

若い大尉　私に父の〔オ　　〕である剣吊りを託す。

山田英夫君と仲田清栄君　私と三人で国頭へ行くが、途中ではぐれる。

主題

思考力・判断力・表現力

●次の空欄に本文中の語句を入れて、全体の主題を整理しなさい。

軍司令部の〔ア　　〕の中は地獄絵図だった。敗戦を〔イ　　〕する一方で、「〔ウ　　〕」を求める自由は禁じられて呪わしかった。壕の奥で見た参謀たちの姿に唖然とさせられ、〔エ　　〕な気持ちに胸を締めつけられた。敵の攻撃の中、海岸への脱出を試みた。〔オ　　〕が先に立ったが、生への本能は、這って行けと私をせき立て、生きたいという〔カ　　〕に駆られた。海岸を目の前に戦車の響きが迫り、沖へ泳ぎ出す中、私は手足の感覚を消失し、〔キ　　〕も失った。

〔血であがなったもの〕

展開の把握

1 次の空欄に本文中の語句を入れて、内容を整理しなさい。

第一段落（初め～p.279上ℓ.8）	第二段落（p.279上ℓ.9～p.281上ℓ.4）	第三段落（p.281上ℓ.5～終わり）
母への思い	月と浜千鳥	伝えられた敗戦の事実
諦め切ったときには衝動や〔ア〕に身を委ねることもできるが、一度〔イ〕の可能性がちらつくと、一刻も早く母に会いたい、この世に起こっていることを確かめたいという考えが浮かんできた。	九月二日の月を眺めていると、同郷の光さんと貞さんによる、聞き慣れた〔ウ〕の民謡が聞こえてきた。光さんの様子は〔エ〕の境に遊んでいるようだった。二人はもんぺ姿ではあったが、若々しい姿態に妖しい〔オ〕を感じながら〔カ〕とともに拍手を送った。	浜千鳥の踊りに〔キ〕を感じながら、白井兵長から日本が無条件降伏したことを聞かされた。敗戦の〔ク〕はありながらも皇国の〔ケ〕を期待していた私は、自分を支えていた〔コ〕が崩れゆくのを感じた。兵長からは平和の〔サ〕のなさを語られ、死んだ〔シ〕を思い胸をかきむしりたい衝動に襲われた。私は死によって国体が擁護されると信じて死んだ人と敗戦とを結びつけられなかった。しかし、白井兵長の「二度と失ってはならないものだ。」という言葉は私に大きな〔ス〕を与えた。

2 次の空欄に本文中の語句を入れて、場面設定と登場人物の設定をまとめなさい。 思考力・判断力・表現力

場面設定

日時　摩文仁を出てから〔ア〕余り。
　昭和二十年九月二日の〔イ〕。

場所　壕の丘の上→丘の斜面が緩く尽きた所の平地。

登場人物の設定

私　〔ウ〕が無事か気になる。

二人の女性　民謡の「〔エ〕」を歌い、踊る。

白井兵長　日本の〔オ〕を私に伝える。
　「二度と失ってはならないものだ。」

主題

思考力・判断力・表現力

●次の空欄に本文中の語句を入れて、全体の主題を整理しなさい。

生の〔ア〕を意識した私は、一刻も早く母に会いたい、この世に起こっていることを確かめたいと思った。九月二日の夜、〔イ〕の光さんと貞さんの歌と踊りをいっしょに見ていた白井兵長から、日本が〔ウ〕したことを知らされた。平和な生活がもたらされた反面、〔エ〕と死んだ学友のことを思うと、胸をかきむしりたい〔オ〕に襲われた。しかし、白井兵長の「〔カ〕と失ってはならないものだ。」という言葉に大きな感銘を覚えた。

内容の理解

思考力・判断力・表現力

第一段落（初め～p.271下ℓ.12）

〔破局〕

1 「解散！」（二六九・上12）という命令を聞いたときの「私」の気持ちとして適当なものを、次から選びなさい。 ▼傍問1

ア 命がけで報告した伝令が無駄であったことでの失望。
イ 解散によって死ぬことがなくなったことで得た安堵《あんど》。
ウ 命令によって自分の存在が弄ばれることへの失意。
エ 恐怖に打ち勝って任務を遂行できたことへの満足。〔　　〕

2 「〈もうどうにでもなれ。〉」（二六九・下12）という気持ちを言い換えた表現を、第一段落から十字以内で抜き出しなさい。 ▼学習二

3 「私はわけもなく一種の羨望を感じていた」（二七〇・下14）のはなぜか。次から選びなさい。

ア 変装することによって、生き延びる手だてを手にしていたから。
イ 隊長が愛用していた軍刀をいただいて、使うことが許されたから。
ウ 守備軍参謀の随員として、最後まで参謀たちと行動していたから。
エ 情報部の壕から抜け出して、敵中を突破できそうだったから。〔　　〕

4 「若い大尉」（二七一・上6）の懸命な訴えから「私」が感じたのは、彼のどういう心情か。本文中から十五字以内で抜き出しなさい。

5 新傾向 「半ば捨て鉢な気持ち」（二七一・下11）になったのは、「私」がどういう状況に置かれていたからかについて、次のようにノートにまとめた。空欄にあてはまる語句を本文中から抜き出して答えなさい。

第一段落

死への気持ち ⇔ 狭間 ⇔ 生への気持ち

敗戦の実感→最後の帰結〔ア　　〕の場）として希求
「死」を求める〔イ　　〕を奪われる
隊長の〔ウ　　〕
若い大尉の人生に対する〔エ　　〕の情

第二段落

6 「命令」（二七一・下13）とはここではどういう内容か。本文中の語句を用いて説明しなさい。

〔　　〕

第三段落（p.273上ℓ.1～p.275上ℓ.9）

7 「何だかさっぱりした気持ち」（二七三・上8）になったのはなぜか。次から選びなさい。 ▼学習二

ア 靴を放り出すことで、死人から軍靴を奪おうとした悪意を振り払うことができたから。
イ 自分のためだけに生きるのではなく、他人の喜びに関わることができたから。
ウ 実現できない期待を他人に抱かせてしまったことへの罪滅ぼしができたから。
エ 地獄のように、死体が道ばたに転がっている場所から逃げ出すことができたから。〔　　〕

第四段落（p.275上ℓ.10～終わり）

8 「私たちの心情」（二七六・下9）とはどういうものであったか。次から選びなさい。

ア 多くの死者を見続けて、生と死の感覚がわからなくなっている。
イ 死への恐怖の一方で、最後まで戦い抜こうと思っている。
ウ 静かな海の輝きに魅了されて、生存への意欲を高めている。
エ 絶望的な状況の中で、「生」へのわずかな期待を抱いている。〔　　〕

第一段落（初め〜p.279上ℓ.8）

〔血であがなったもの〕

1 **「しだいにやり切れない気がしてきた」**（二七八・上9）**のはなぜか。次から選びなさい。**

ア　自分一人生き残ってしまい、死んだ仲間に申し訳なく思うから。

イ　なんとか生き残ったが、家族や現在の状況がわからなかったから。

ウ　自分は生き残れたけれども、兄たちは戦争で命を落としていたから。

エ　今は生き残ることができたが、生命の危機はまだ続いていたから。

〔　　〕

2 **「衝動やはずみに容易に身を委ね得る」**（二七九・上1）**とはどうすることか。簡潔に答えなさい。**

〔　　　　〕

第二段落（p.279上ℓ.9〜p.281上ℓ.4）

3 **「立場を異にして眺めてきた月」**（二七九・上14）**とあるが、戦場に出る前に見た月はどれか。本文中から抜き出しなさい。**

〔　　　　〕

4 **「『浜千鳥』の一節」**（二八〇・上1）**を「私」はどういう気持ちで聞いていたか。次から選びなさい。**

ア　美しい月を楽しむことのできる平和をありがたく思う気持ち。

イ　民謡を聞いて、郷土を懐かしむ気持ち。

ウ　民謡を歌う女の人に憧れる気持ち。

エ　若い女性に出会って、恥ずかしく思う気持ち。

〔　　〕

第三段落

5 **「帰れるのもそう遠くはない」**（二八一・下4）**とは、どういうことをほのめかしているのか。解答欄に合うように本文中の語句を抜き出しなさい。**

〔　　　　〕したこと。

第三段落（p.281上ℓ.5〜終わり）

6 **「自らを支えていた壁」**（二八二・上6）**とはどういうことか。本文中の語句を用いて三十字以内で説明しなさい。**

〔　　　　〕

7 **「胸をかきむしりたい激しい衝動に襲われた」**（二八二・下9）**理由を次から選びなさい。**

ア　荒涼とした戦場で、懐かしい郷土の民謡に見とれてしまったことを反省したから。

イ　日本が無条件降伏したことも知らずに生きていた自分の無知を腹立たしく思ったから。

ウ　学生の自分には知らされず、兵長が日本の降伏を知っていたことに不満を感じたから。

エ　終戦がもう少し早ければ、多くの学友が戦死しなくても済んだと悔しく思ったから。

〔　　〕

8 新傾向 **「敵機からまかれたビラ」**（二八三・上3）**を踏みつけたときの「私」の心情を、次のようにノートにまとめた。空欄にあてはまる語句を本文中から抜き出して答えなさい。**

> 敵機からまかれたビラ（〔ア　　〕の文字）
>
> **私**
> ・〔イ　　〕気持ち
> ・怖い気持ち→〔ウ　　〕と引き換えに〔エ　　〕が擁護され、国民の〔オ　　〕も得られると死んでいった人々への思い

9 **「二度と失ってはならないもの」**（二八三・下7）**とは何か。本文中から十字以内で抜き出しなさい。** ▼活動一

〔　　　　〕

学習目標　時間の流れと場面の展開を把握しながら、各場面における「私」の心情を読み取る。

夏の花（原民喜）

教科書 p.286～p.305

検印

漢字　知識・技能

1 太字の仮名を漢字に直しなさい。

① p.286 上ℓ.7 花の**めいしょう**〔　　〕を知る。
② p.288 上ℓ.17 **ついらく**〔　　〕する音。
③ p.288 下ℓ.14 **へいそ**〔　　〕は元気なK。
④ p.289 上ℓ.11 縁側の暗幕を引き**さ**〔　　〕いた。
⑤ p.290 上ℓ.2 **しょうがい**〔　　〕物。
⑥ p.292 下ℓ.7 **おおつぶ**〔　　〕の雨。
⑦ p.293 下ℓ.3 貨車が**てんぷく**〔　　〕する。
⑧ p.294 上ℓ.9 **いんさん**〔　　〕な色彩。
⑨ p.295 上ℓ.9 **うった**〔　　〕えごとを持つ。
⑩ p.296 下ℓ.3 光線を**さえぎ**〔　　〕る。
⑪ p.297 下ℓ.7 **つつみ**〔　　〕を通る。
⑫ p.298 下ℓ.7 **ねんれい**〔　　〕を調べる。
⑬ p.299 上ℓ.6 医者の**かりょう**〔　　〕が済む。
⑭ p.300 上ℓ.2 **そうなん**〔　　〕した婦人。
⑮ p.300 下ℓ.12 荷馬車を**やと**〔　　〕う。
⑯ p.302 上ℓ.5 **がいかく**〔　　〕だけが残る。
⑰ p.304 上ℓ.9 **すいそう**〔　　〕の中。

2 太字の漢字の読みを記しなさい。

① p.286 上ℓ.9 **炎天**〔　　〕にさらされる。
② p.287 上ℓ.1 **滑**〔　　〕り落ちた。
③ p.288 上ℓ.10 しっかりした**普請**〔　　〕。
④ p.288 下ℓ.16 **崩**〔　　〕れた家屋。
⑤ p.289 下ℓ.7 **潤**〔　　〕いのある姿。
⑥ p.292 下ℓ.8 火照りを**鎮**〔　　〕める。
⑦ p.293 下ℓ.1 玉ねぎが**漂**〔　　〕ってくる。
⑧ p.294 上ℓ.12 **気配**〔　　〕を感じる。
⑨ p.295 上ℓ.15 顔が**膨張**〔　　〕する。
⑩ p.295 下ℓ.15 やり切れない**憤**〔　　〕り。
⑪ p.297 下ℓ.6 弱々しく**絡**〔　　〕む。
⑫ p.298 上ℓ.18 **境内**〔　　〕へ行く。
⑬ p.299 上ℓ.6 **憩**〔　　〕う場所。
⑭ p.300 上ℓ.18 悲惨**醜怪**〔　　〕さ。
⑮ p.301 下ℓ.7 **抹殺**〔　　〕される。
⑯ p.302 下ℓ.4 **倒壊**〔　　〕の跡。
⑰ p.304 上ℓ.2 火災は**免**〔　　〕れた。

語句　知識・技能

1 次の太字の語句の意味を調べなさい。

① p.289 上ℓ.8 「……だったかしら。」と**うそぶく**。
〔　　〕
② p.290 下ℓ.15 出現した出来事の新鮮さに**おののく**。
〔　　〕
③ p.298 上ℓ.16 私は**小耳に挟んだ**。
〔　　〕

2 次の空欄に適語をあとから選んで入れなさい。

① p.287 下ℓ.3 〔　　〕煙る砂塵。
② p.297 上ℓ.8 〔　　〕明かり。
③ p.297 下ℓ.10 汽車が〔　　〕通っていった。
④ p.302 下ℓ.6 〔　　〕田の上をとんぼが飛ぶ。

（轟《ごう》と　青々とした　濛々《もうもう》と　茫《ぼう》とした）

3 次の語句を使って短文を作りなさい。

① p.292 上ℓ.8 かねて
〔　　〕
② p.295 下ℓ.3 なるほど（副詞）
〔　　〕

展開の把握

1 次の空欄に本文中の語句を入れて、内容を整理しなさい。 学習一

第一段落（初め〜p.286 下ℓ.5）	第二〜四段落（p.286 下ℓ.7〜p.297 下ℓ.11）	第五段落（p.297 下ℓ.13〜p.300 上ℓ.7）	第六〜九段落（p.300 上ℓ.9〜p.302 下ℓ.16）	第十段落（p.302下ℓ.18〜p.303下ℓ.1）	第十一段落（p.303 下ℓ.3〜終わり）
八月四日 街〜妻の墓	八月六日 自宅〜泉邸の川岸	八月七日 東照宮	八月八日 境内から避難先へ	後日 （甥の話）	八月六日〜 （Nの話）
私は街に出て花を買い、妻の〔ア　〕に行った。墓前に供えた花は、黄色の小弁の可憐な野趣を帯び、いかにも〔イ　〕らしかった。	私は自宅の厠《かわや》で被爆した。Kと私は避難場所の〔ウ　〕に向かった。途中、多くの被爆者と会った。川岸に腰を下ろし、今生きていることの〔エ　〕に気づき、このことを書き残さねばならないと、心につぶやいた。土手の窪地で眠るが、河原のほうでは、〔オ　〕のうめき声がする。	兄たちは移動した。私は、東照宮で姪たちに会った。ここには多くの負傷者がいて、〔カ　〕を受けていた。ここで夜を迎えることになるのかと思うと、〔キ　〕かった。	夜明け前から〔ク　〕の声がしていた。次々に死人が出るが、死骸は放置されていた。長兄が雇ってきた〔ケ　〕でここを引き上げることにした。馬車で移動中、甥の文彦の死体を見つけた。次兄は、文彦のバンドを〔コ　〕に取るなどして、立ち去った。馬車から、目抜きの焼け跡を一覧できた。〔サ　〕を過ぎると、災禍の色はなかった。夕暮れ時、避難先の〔シ　〕村に着いた。負傷者は回復せず、食糧も不足した。	行方不明だった中学生の甥が帰ってきた。頭髪が抜けてから十二、三日後に鼻血を出したが持ちこたえた。	Nは疎開工場へ汽車で出掛け、トンネルに入ったところで被爆した。彼は広島に引き返し、妻の勤めている〔ス　〕に行き、妻を探したが見つからなかった。自宅や通勤路、至る所を探したが妻はいなかった。Nは最後にまた、〔セ　〕の焼け跡を訪れた。

2 次の空欄に本文中の語句を入れて、場面設定と登場人物の設定をまとめなさい。 思考力・判断力・表現力

場面設定

日時 〔ア　〕月〔イ　〕日朝の原爆投下以降。

登場人物の設定

私 〔ウ　〕にいて一命を拾う。

妹 階段下に身を潜めたのであまり負傷せず。

長兄 〔エ　〕のテーブルで被爆。

次兄 用事で帰っていた〔オ　〕で被爆。

次兄の家の女中 赤ん坊と長女を連れて逃げる。

姪（次兄の長女） 女中とはぐれたあと〔カ　〕で保護。

中学生の甥 〔キ　〕で被爆後、友人宅へ。

主題

●空欄に本文中の語句を入れて、全体の主題を整理しなさい。 思考力・判断力・表現力

広島の原爆で無事だった「私」は、生きている意味と作家としての使命に気づき、〔ア　〕なものに対するやりきれない〔イ　〕を感ずる。罹災者は言語に絶する惨状を呈し、爆心地近くは〔ウ　〕的なものが抹殺された虚無的な死の世界が広がっていた。亡き〔エ　〕への思いと犠牲者への思いが溶け合って、彼らへの哀悼と鎮魂を表している。

内容の理解

思考力・判断力・表現力

第一段落（初め〜p.286下ℓ.5）

1 **「私は街に出て花を買うと、妻の墓を訪れようと思った。」**（二八六・上1）**について、次の問いに答えなさい。**

(1) **「私」が墓を訪れようと思った動機を、本文中の語句を用いて五十字以内で説明しなさい。**

(2) 新傾向 **この作品において、冒頭の墓参りの部分がもつ効果として適当なものを、次から選びなさい。**

ア　非常に暑い夏であることを印象づける効果。

イ　穏やかな日常の様子を描くことにより、原爆が投下された日の悲惨さを印象づける効果。

ウ　原爆が投下された日が、何日であるか記録としての正確さを強める効果。

エ　「私」の墓参りを描くことによって、日常生活が信仰中心の生活であることを印象づける効果。　〔　　〕

第二段落（p.286下ℓ.7〜p.289下ℓ.13）

2 **「嵐のようなものの墜落する音」**（二八七・上3）**とは何の音か、答えなさい。**

〔　　　　〕

3 **「惨劇の舞台の中に立っているような気持ち」**（二八七・下1）**、「たしか、こういう光景は映画などで見たことがある。」**（二八七・下2）**にうかがえる「私」の心情として適当なものを、次から二つ選びなさい。**

ア　突然の出来事に、現実感が持てないでいる。

イ　感情に流されない冷静な視線で周りの物事を見ている。

ウ　突然の出来事に興奮し、自分を失っている。

エ　ショックのあまり、自分がどこにいるかわからずにいる。

〔　　〕〔　　〕

第二段落（p.286下ℓ.7〜p.289下ℓ.13）

4 **Kの言葉を「変なこと」**（二八九・上3）**だと「私」が思ったのはなぜか、次から選びなさい。**

ア　煙が出たことを心配して、危険を顧みず遠くへ逃げようとしているから。

イ　避難には水が欠かせないということをKがまったく理解できていないから。

ウ　家屋の倒壊の影響で使い物にならなくなった防空壕にとどまろうと言うから。

エ　周りの建物が倒壊し、火の手も上がっている危険な場所へとどまろうと言うから。　〔　　〕

第三段落（p.290上ℓ.2〜p.292上ℓ.13）

5 **「もう大丈夫だという気持ちがした」**（二九二・上5）**での「私」の心情について説明した次の文章の空欄にあてはまる語句を、あとの語群から選んで記号で答えなさい。**

避難場所の〔 ① 〕の川岸に着き、〔 ② 〕がひとまず去ったことへの〔 ③ 〕。

ア　東照宮　イ　泉邸　ウ　死の危険　エ　長兄

オ　虚無感　カ　安心感　①〔　　〕②〔　　〕③〔　　〕

6 **「さばさばした気持ち」**（二九二・上7）**の説明として適当なものを、次から選びなさい。**

ア　安全な場所など見つからないという虚無感。

イ　ずっと感じ続けていた不安からの解放。

ウ　生き長らえていることの満足感。

エ　自分がなすべき仕事への使命感。　〔　　〕

第三段落 (p.290上ℓ.2〜p.292上ℓ.13)

7 「己が生きていることと、その意味が、はっと私をはじいた」（二九三・上9）とあるが、「私」は自分が生き残ったのは何のためだと考えているか。三十五字以内で説明しなさい。

第四段落 (p.292上ℓ.15〜p.297下ℓ.11)

8 「しばらく鎮まっていた向こう岸の火が、いつの間にかまた狂い出した。」（二九三・下11）という表現について説明した次の文章の空欄にあてはまる語句を、あとの語群から選んで記号で答えなさい。

ここで〔 ① 〕という修辞法が使われているため、対岸の火の手が強い様子を〔 ② 〕をもって表現することができている。

ア 隠喩法　イ 躍動感　ウ 擬人法　エ 落ち着き

①〔　　〕 ②〔　　〕

9 「言語に絶する人々の群れ」（二九四・下16）について説明した一文を本文中より抜き出し、初めと終わりの五字で答えなさい。

〔　　〕〜〔　　〕

10 「私も暗然としてうなずき、言葉は出なかった。」（二九五・下14）について、このときの「私」の状況の説明として適当なものを、次から選びなさい。

ア 男を助けながらも周囲の人々のことが気にかかって、男の言葉だけに集中できなかった。

イ 悲しみと憤りとで胸が一杯になって、男の言葉にうなずくのが精一杯だった。

ウ 空前絶後の不幸な出来事のために混乱してしまい、言葉を発する余裕などなかった。

エ 死んだほうがましだとつぶやく男の苦しみが痛いほどわかり、どう慰めてよいかわからなかった。

〔　　〕

第四段落 (p.292上ℓ.15〜p.297下ℓ.11)

11 「愚劣なものに対する、やり切れない憤り」（二九五・下15）とは、どのような憤りか。次から選びなさい。

ア 「死んだほうがましさ。」というつぶやきが愚劣に感じられたが、一方でその男を助けられない自分のふがいなさに対する憤り。

イ 「死んだほうがましさ。」というつぶやきに、うなずいてしまう自分が愚劣だと感じると同時に、そんな自分をやり切れないとする憤り。

ウ 平和な日常生活を混乱させ、突然、多くの人間の生を分断した非人間的なものに対するどうすることもできない原初的な憤り。

エ 平和な日常生活を混乱させ、多くの人間に迷惑をかけるようなやり方に怒りを覚えると同時に、しかたがないと諦めることへの憤り。

〔　　〕

12 「その暑い日の一日の記憶は不思議にはっきりと残っている。」（二九七・下8）とあるが、そのときの「記憶」はどういうものとして残っているのか。解答欄に合うように、本文中から十字で抜き出して答えなさい。 ▼傍問4

〔　　　　　　　　　　〕として残っている。

第五段落 (p.297下ℓ.13〜p.300上ℓ.7)

13 姪が「急に堪えられなくなったように泣き出した」（二九八・下3）のはなぜか。母親に会う前と後の状況の違いに注意して、四十五字以内で説明しなさい。

第六段落（p.300上 ℓ.9〜p.300下 ℓ.13）

14 **「それなのに」（三〇〇・下5）という表現には、「私」のどのような気持ちがこめられているか。四十字以内で答えなさい。**

15 **「ある姿勢のまま硬直していた」（三〇一・上9）の「ある姿勢」とは、どういうことか。わかりやすく言い換えなさい。**

［　　　　］

第七段落（p.300下 ℓ.15〜p.301上 ℓ.11）

16 **「涙も乾き果てた遭遇であった。」（三〇一・上11）と表現したのはなぜか。その説明として適当なものを次から選びなさい。**

ア　文彦の死体を発見してからそこを立ち去るまでの次兄の行為に、機械のような冷淡さを感じたから。

イ　文彦の死体も、中学生や若い女の死体と同じように感じられて、何の感慨もわいてこなかったから。

ウ　文彦の死体に対しても涙さえ見せない次兄の姿に、悲しみを通り越した人間の姿を垣間見たから。

エ　文彦の死体を見つけるまでの間に、兄が涙を流し尽くしていたことを知っていたから。

［　　］

第八段落（p.301下 ℓ.1〜p.302下 ℓ.2）

17 **「この辺の印象は、どうも片仮名で描きなぐるほうがふさわしい」（三〇二・上7）というのはなぜか。次から選びなさい。** ▼学習三

ア　言語に絶する光景であり、漢字や平仮名を使っていても、結局は表現することができないから。

イ　形あるものがすべて消滅し、新たな言葉が必要とされたから。

第八段落

ウ　片仮名のほうが客観的な印象を与えるから。

エ　人間的な温もりのない無機的な光景を表現するには、直線的で硬い感じのする片仮名のほうがふさわしいから。

［　　］

第九〜十段落（p.302下 ℓ.4〜p.303下 ℓ.1）

18 **第九段落と第十段落の構成上の特徴に関する説明として適当なものを次から選びなさい。**

ア　第九段落では馬車による移動が描かれ、第十段落では汽車で逃げる甥の様子が描かれており、これまでと異なる移動のスピード感が強調されている。

イ　第九段落では郊外に出るにつれて災禍の色から解放される様子が描かれるが、途中から第十段落に至るまで一貫して原爆の悲惨な状況が同じトーンで描写されている。

ウ　第九段落でも第十段落でも、これまでと同じように原爆による被害の実態が具体的かつ冷静な視点で述べられている。

エ　第九段落は女中の死、第十段落は中学生の甥が重態になりながらも持ちこたえていく様子が述べられており、二人の生死の明暗が対比的に描かれている。

［　　］

第十一段落（p.303下 ℓ.3〜終わり）

19 新傾向 **Nが「最後にまた妻の勤め先である女学校の焼け跡を訪れた」（三〇四・下9）理由についてまとめた次の文章の空欄にあてはまる語句を、あとの語群から選んで答えなさい。**

［　①　］の家族の共通の心理として、最愛の者の死を［　②　］ことができず、至る所を探し尽くして、再度、［　③　］よりほかにできることがなくなったから。

ア　負傷者　　イ　認める　　ウ　同じ場所を探す

エ　行方不明者　　オ　忘れる　　カ　勤め先にこだわる

①［　　］　②［　　］　③［　　］

学習目標 物語が人間にとって持つ意味を考え、表現に注意しながら物語を創造する。

物語を発現する力（佐藤雅彦）

教科書p.308〜p.313　検印

展開の把握　思考力・判断力・表現力

1 次の空欄に本文中の語句を入れて、内容を整理しなさい。

第一段落（初め〜p.308下ℓ.6）	第二段落（p.309上ℓ.1〜p.310上ℓ.10）	第三段落（p.310上ℓ.11〜p.312上ℓ.10）	第四段落（p.312上ℓ.11〜終わり）
私のメディアでの表現活動は、どれもとても短い。それは私が「〔ア　　〕」に無関心だからだが、大学で〔イ　　〕の研究をする者として、積極的に物語性を創り出す新しい方法を考えなければならない立場にある。そこで、「物語」とは我々人間にとってどういう意味があるものなのか、という問いに思いを巡らせた。	人間は、一枚一枚はわけのわからない図版でも、並べて提示すると、「ある物語」を創り上げる。この「〔ウ　　〕をたちどころに生み出す能力」は、自分の目の前に現れた一見〔エ　　〕な出来事群に対して、納得できる〔オ　　〕を与える「人間に用意された生きていくための力」ではないか。	一つ一つ単独ではたいして意味がなく見えるやりとりも、それが複数連なると、ある意味体系を持つ一編の〔カ　　〕を自然と見いだしてしまう。私がラーメン屋で三十年にわたって飛び飛びに見た光景などは、このよい例だ。	物語の創造という能力は、〔キ　　〕的な情報群に「ある物語性」を発現させることで、その断片が持っている不可解さを解消し、我々が新しい〔ク　　〕に向かうことを可能にする。

主題　思考力・判断力・表現力

1 次の空欄に本文中の語句を入れて、全体の主題を整理しなさい。

「〔ア　　〕」とはどういう意味があるのか、という問いに思いを巡らせた。人間は、一枚一枚はわけのわからない図版でも、〔イ　　〕て提示されると「ある〔ウ　　〕」を創り上げる能力を持っているが、それは不可解な〔エ　　〕に対して、納得できる筋道を与える「人間に用意された生きていくための力」ではないか。物語を創り出すことは、出来事の〔オ　　〕が持っている〔カ　　〕さを解消し、我々が新しい未知に向かうことを可能にする。

2 右を参考にして、主題を百字以内にまとめなさい。

内容の理解

思考力・判断力・表現力

第一段落（初め〜p.308下ℓ.6）

1 「私」の表現が「どれもとても短い」（三〇八・上4）のはどういう理由からか。本文中から八字で抜き出しなさい。

2 「大学で表現の研究をしている者」（三〇八・上15）は、どのような立場にあると筆者は考えているか。解答欄に合う形で本文中から三十字以内で抜き出し、初めと終わりの五字で答えなさい。

〔　　　　　〕〜〔　　　　　〕立場。

3 「ある興味深いこと」（三〇八・下6）とはどのようなことか。適当なものを次から選びなさい。

ア　一つの図版を見ると、人それぞれ、恣意的な解釈のパターンが生まれるということ。

イ　一枚一枚はわけのわからない図版なのに、並べて提示すると、人は「物語」を創り上げるということ。

ウ　人は一枚一枚の図版から「物語」を創り上げるが、その物語には、たいした意味はないということ。

エ　一つの図版を見て、人はさまざまな解釈をするが、方向性は一つであるということ。

〔　　〕

第二段落

4 「一見当たり前とも言える事柄を再確認した」（三〇九・下7）には、筆者のどのような考えが含まれているか。次から選びなさい。

ア　再確認した事柄は、当たり前なのでたいしたことはない。

イ　再確認した事柄は、当たり前のようだが実は重要だ。

ウ　再確認した事柄は、再確認すること自体が難しい。

エ　再確認した事柄は、当たり前かどうか判断できない。

〔　　〕

第二段落（p.309上ℓ.1〜p.310上ℓ.10）

5 「物語をたちどころに生み出す能力」（三一〇・上2）がないと、私たちはどういう人生を送ることになると筆者は考えているか。解答欄に合う形で本文中から五十字以内で抜き出し、初めと終わりの五字で答えなさい。▼活動一

〔　　　　　〕〜〔　　　　　〕を送ることになる。

第三段落（p.310上ℓ.11〜p.312上ℓ.10）

6 「なにもやめることはないんだ。」（三一〇・下4）は、息子のどのような言葉に対する父親の言葉だと考えられるか。予想できる息子の言葉を十五字以内で答えなさい。

第四段落（p.312上ℓ.11〜終わり）

7 「物語の創造という能力は、……我々に新しい未知に向かうことを可能にさせている」（三一二・下15〜下17）とあるが、筆者はこれをどのような「力」だと文章の前半部分で述べているか。十七字で抜き出しなさい。

物語の創造

○次のように並べられた五コマの図について、物語を創造しなさい。

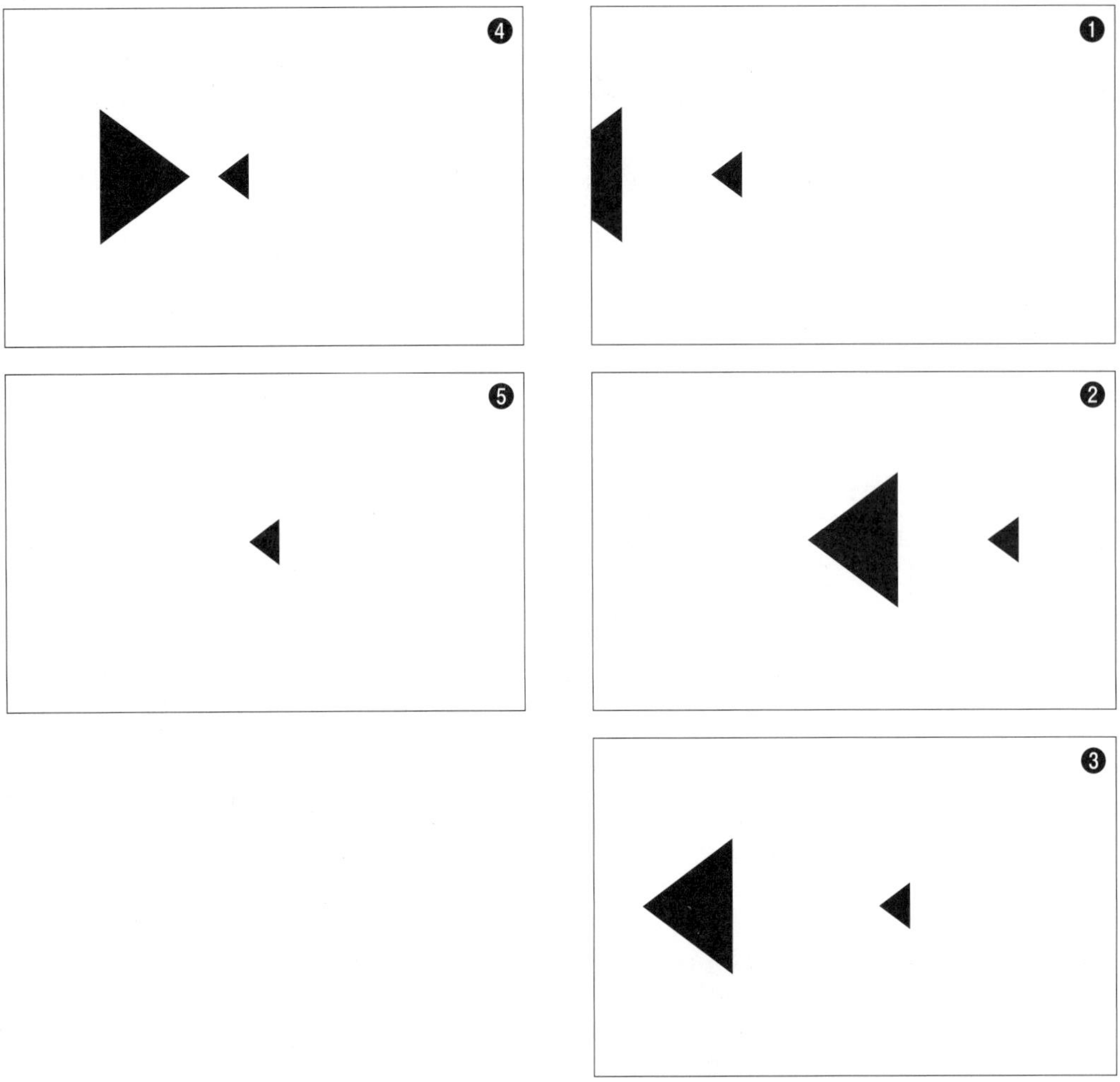

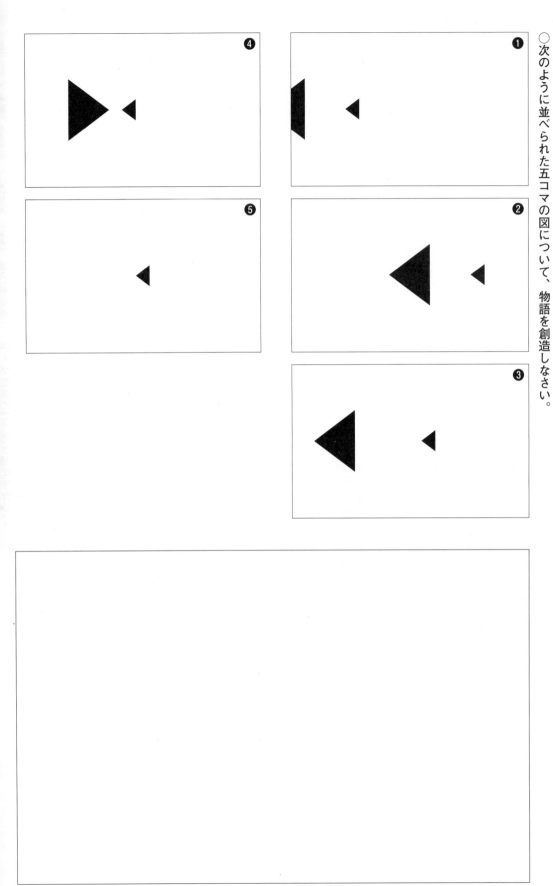

学習目標　教科書の作品について理解を深め、それを参考に、テーマを決めて短歌や俳句を作る。

テーマを決めて短歌・俳句を作る

教科書 p.314～p.319

検印

内容の理解

思考力・判断力・表現力

蝶

●次の各歌・各句の主題として適当なものを、それぞれあとから選びなさい。

・姫蜆蝶の〔　　〕・幾十の〔　　〕・春潮の〔　　〕
・生きながら〔　　〕・恋文を〔　　〕・ひかり野へ〔　　〕
・高々と〔　　〕・蝶々の〔　　〕

ア　自由を奪われながらも、自己の思いを貫こうとする意志。
イ　光あふれる至福の世界に遊ぶ純粋で崇高な魂。
ウ　蝶の聴覚的な発見と生きることの寂寥《せきりょう》感。
エ　荒々しい自然を前にした可憐な蝶のけなげな飛翔《ひしょう》。
オ　思いがけず出現した蝶への新鮮な感動。
カ　山峡の上空を飛翔してゆく一匹の蝶。
キ　可憐な蝶の繊細鋭敏な状況察知反応。
ク　蝶が乱舞する幻想的で不気味なイメージ。

犬

●次の各歌・各句の主題として適当なものを、それぞれあとから選びなさい。

・日のくれに〔　　〕・白き犬〔　　〕
・目のまへの〔　　〕・我が家の〔　　〕
・小春日や〔　　〕・炎天に〔　　〕
・土堤を外れ〔　　〕・曳かるる犬〔　　〕

ア　飼い犬の安否を思いやる人間的な心のあたたかさ。
イ　散歩に連れ出された飼い犬が全身で喜びを表す様子。
ウ　場所の変化で犬の概念が変貌するという知的な興味。
エ　作者の知らない世界を体験している飼い犬への興味。
オ　生命感に溢《あふ》れる自然の中へ身を躍らせる犬の躍動美。
カ　伝統的な情趣とモダンなイメージを取り合わせた斬新さ。
キ　真夏の白昼に、犬の内部から発せられた不気味な音。
ク　不遇な状況に置かれたものの未来へのあたたかい励まし。

猫

●次の各歌・各句の主題として適当なものを、それぞれあとから選びなさい。

・猫のひげ〔　　〕・やがて発光〔　　〕・朱の壺に〔　　〕
・頸つかみ〔　　〕・十月の〔　　〕・黒猫の〔　　〕
・百代の〔　　〕・恋猫の〔　　〕

ア　万物流転の旅に出る子猫へのあたたかいまなざし。
イ　親猫につき従って移動する子猫たちのかわいい様子。
ウ　庶民的な世界の中でののんびりとした光景。
エ　日常のささいな行為から発する思いがけない出来事。
オ　猫と自分だけがいる神秘的で、瞑想《めいそう》的な世界。
カ　突如間近に拘束された子猫の身体反応の可憐《かれん》さ。
キ　極度の恐怖に陥った猫の本能的な身体反応。
ク　どこまでも自己の特色を貫く猫への知的な興味。

走る・歩く

●次の各歌・各句の主題として適当なものを、それぞれあとから選びなさい。

・ころがりし〔　　〕・暗道の〔　　〕
・ずぶ濡れの〔　　〕・そこだけが〔　　〕
・湯に立ちて〔　　〕・春ひとり〔　　〕
・向日葵の〔　　〕・しぐるるや〔　　〕

ア　一人黙々と練習に取り組む青年。
イ　一人山間を旅するわびしく孤独な姿。
ウ　薄暗くわびしい幻想的なイメージの中の孤独感。
エ　真夏の日差しを遮断する速い流れ雲。

オ　希望や理想を抱く者たちのひたすら猛進する姿。
カ　山間の宿舎での幼いものの生命感。
キ　帰郷の喜びにはずむ心。
ク　自己の存在の本質や核心への問い。

飲む・食う

●次の各歌・各句の主題として適当なものを、それぞれあとから選びなさい。

・君と食む〔　　〕　・一碗には〔　　〕
・カワセミが〔　　〕　・うすみどり〔　　〕
・母の日の〔　　〕　・誰もみな〔　　〕
・葡萄食ふ〔　　〕　・食べてゐる〔　　〕

ア　愛情のこもった食べ物を食べたときの感謝の心。
イ　意外なところから現れた可憐なものへの興味。
ウ　命を育む小さな一粒一粒の食べ物への切ない思い。
エ　新鮮な連想を楽しみながらの夜食。
オ　おだやかな春のひととき、喫茶店での団欒《だんらん》の様子。
カ　一粒一粒を噛《か》みしめるように味わっている情景。
キ　好意を寄せる友人との庶民的雰囲気の漂う会食。
ク　透明感のある存在への変身願望。

全体

●次の各句の季語を〔　　〕に、季節を（　　）に記入しなさい。

・恋文を〔　　〕（　　）
・ひかり野へ〔　　〕（　　）
・高々と〔　　〕（　　）
・蝶々の〔　　〕（　　）
・小春日や〔　　〕（　　）
・炎天に〔　　〕（　　）
・土堤を外れ〔　　〕（　　）
・曳かるる犬〔　　〕（　　）
・十月の〔　　〕（　　）
・黒猫の〔　　〕（　　）
・百代の〔　　〕（　　）
・恋猫の〔　　〕（　　）
・湯に立ちて〔　　〕（　　）
・春ひとり〔　　〕（　　）
・向日葵の〔　　〕（　　）
・しぐるるや〔　　〕（　　）
・母の日の〔　　〕（　　）
・誰もみな〔　　〕（　　）
・葡萄食ふ〔　　〕（　　）
・食べてゐる〔　　〕（　　）

創作

●「蝶」「犬」「猫」「走る・歩く」「飲む・食う」の五つのテーマから一つを選び、短歌・俳句を作りなさい。 ▼活動三

・短歌

・俳句

古典を基にして物語を作る

○次の文章を読んで、あとの問いに答えなさい。

伊勢物語　筒井筒

昔、①*田舎わたらひしける人の子ども、井のもとに出でて遊びけるを、大人になりにければ、男も女も恥ぢかはしてありけれど、男はこの女をこそ得めと思ふ。女はこの男をと思ひつつ、親の*あはすれども、聞かでなむありける。さて、この隣の男のもとより、かくなむ、

筒井筒*井筒にかけしまろが丈
*過ぎにけらしな妹見ざるまに

女、返し、

くらべこし振り分け髪も肩過ぎぬ
②君ならずしてたれか*上ぐべき

など言ひ言ひて、つひに③本意のごとくあひにけり。

語注

＊**田舎わたらひ**…田舎で暮らしを立てること。
＊**あはすれども**…ほかの男と結婚させようとするけれども。
＊**井筒にかけし**…井筒と高さを比べた。
＊**過ぎにけらしな**…井筒の高さを越してしまったにちがいないよ。
＊**上ぐ**…髪を結い上げること。女子の成人の儀式の一つ。

要点の整理

思考力・判断力・表現力

教科書 p.320〜p.324

検印

1 傍線部①「田舎わたらひしける人の子ども、」について、次の問いに答えなさい。

(1)「子ども」の説明として適当なものを、次から選びなさい。〔　　〕

ア　名詞（子供）
イ　名詞（子）＋複数を表す接尾語（ども）

(2)そのように判断した根拠を、本文中から四字で抜き出しなさい。

2 傍線部②「君ならずしてたれか上ぐべき」とあるが、女は結局どのようなことが言いたかったのか。次から選びなさい。〔　　〕

ア　背丈も髪も伸びました。早く生活力をつけたいものです。
イ　私の夫とする人はあなた以外にありません。
ウ　あなたも早く大人になってください。
エ　あなたは私に飽きてしまったのですか。

3 傍線部③「本意のごとくあひにけり。」とあるが、「本意」とは本来の望みのことである。この「本意」を具体的に表している箇所を本文中から二十五字以内で抜き出しなさい。ただし、歌は除く。

表現

思考力・判断力・表現力

1 **「書き出しの例」（三二・上7〜上15）を読んで、この例の物語では「いつ」「どこで」「誰が」「何を」しているのか話し合った。捉え方が適切でない生徒を次から選びなさい。** ▼活動二

生徒A：在原響と藤原彰という二人が登場人物になっているね。彼女たちの吹奏楽に関する物語が展開していくのかな。

生徒B：物語の主要な時期は高校入学後のようだけど、小学生のときからのエピソードも書かれているようだね。

生徒C：場面もいろいろ示されているね。小学生のときは音楽教室で楽器を習っているし、中学の廊下では吹奏楽部に誘う場面が描かれているね。

生徒D：響は幼なじみの彰を吹奏楽部に誘うのに、彰は断ってしまうんだね。この後物語はどうなっていくか、楽しみだな。

生徒〔　　〕

2 **「『響』の視点から続きを書いた例」（三二・下15〜下19）を参考にして、「彰」の視点から次のように続きを書いた。空欄にあてはまる語句を、あとの語群から選んで記号で答えなさい。** ▼活動三

今さら、フルートだなんてもう小学生だったときの私とは違うのだ。何も知らないで〔　①　〕みたいに当たり前の顔をして声をかけてくる響に、私は〔　②　〕を覚えていた。

それなのに、どうして別れ際の響が見せた〔　③　〕な顔が、私の頭から離れないのだろう。携帯電話を手に持っていたことに気づかないふりをしたのは、さすがに幼なじみへの態度としては〔　④　〕だろうか。

ア 友達　**イ** 悲しみ　**ウ** 寂しそう　**エ** 親切すぎた

オ 姉妹　**カ** いらだち　**キ** うれしそう　**ク** 冷たすぎた

①〔　　〕②〔　　〕③〔　　〕④〔　　〕

3 **「要点の整理」で確認した和歌二首を文章中に取り入れた物語を作る場合、どのような物語にするか。「〜という物語。」という文末で終わるように、物語の方向性を考えて書きなさい。**

〔　　　　〕という物語。

4 **物語の登場人物二人を設定し、人物像や二人の関係性などを考えて書きなさい。**

登場人物①〔　　　　〕

登場人物②〔　　　　〕